ESTE DEVOCIONAL LE PERTENECE A:

_____

JENNIE ALLEN

CONTROLA TU MENTE
(DEVOCIONAL)

100 DÍAS PARA LIBERARTE DE LOS PENSAMIENTOS NEGATIVOS

Título original: *Stop the Spiral Devotional*
Primera edición: September del 2024

Esta edición es publicada bajo acuerdo con WaterBrook,
un sello de Random House, division de Penguin Random House LLC
Publicado en asociación con Yates & Yates, www.yates2.com

© 2024, Jennie Allen
© 2024, Penguin Random House Grupo Editorial USA, LLC
8950 SW 74th Court, Suite 2010
Miami, FL 33156

Traducción: María José Agostinelli

Todos los versículos bíblicos, a menos que se indique lo contrario, fueron tomados de la Biblia
Reina Valera Contemporánea (RVC) Copyright © 2009, 2011 de Sociedades Bíblicas Unidas.
Otras versiones utilizadas son: Traducción en lenguaje actual (TLA)
Copyright © 2000 de United Bible Societies; Nueva Versión Internacional (NVI)
Santa Biblia, Nueva Versión Internacional® NVI® © 1999, 2015, 2022 por Bíblica, Usado
con permiso de Bíblica, Inc.® Reservados todos los derechos en todo el mundo; Reina Valera
Actualizada (RVA-2015) Copyright © 2015 de Editorial Mundo Hispano

Impreso en Colombia / *Printed in Colombia*

ISBN: 978-1-64473-920-4

ORIGEN es una marca registrada de Penguin Random House Grupo Editorial

CONTENIDOS

UNA NOTA DE JENNIE

DIOS TIENE UN TIEMPO PERFECTO. Quizás lo estés viendo en tu vida. Muchos de nosotros hemos experimentado una especie de llamado de atención recientemente, ya sea por la inestabilidad global, tensiones políticas o desafíos personales. Hemos tenido que detenernos y observar el estado de nuestra mente. O nos hemos enfrentado a cambios que han ocurrido dentro de nosotros a lo largo de semanas, meses y años, y no nos gusta exactamente lo que vemos. Pero si has abierto este libro, tal vez sea porque has sentido que ahora es el momento de hacer algo al respecto de todo lo que está revolviéndose dentro y alrededor de ti.

Para muchos de nosotros, que hemos estado remando afanosamente en el lago de nuestras vidas, el lago se ha vaciado de repente y hemos visto lo que había en el fondo. Y lo que había era mucho desorden. Mucho tumulto y sufrimiento mental. Y en lugar de ser basura nueva, tal vez ha estado en el fondo de nuestro lago personal durante bastante tiempo, solo que hasta ahora había sido ignorada o apartada de la vista.

Pero al mirar hacia abajo, muchos de nosotros pensamos: "¡Guau, creo que he estado ansioso durante mucho tiempo, pero estaba tan ocupado que no lo noté!". O: "Vaya, me he sentido deprimido y cansado durante mucho tiempo y tal vez necesite buscar ayuda". Al considerar el estado de nuestra mente, nos damos cuenta de que algo tiene que cambiar.

Necesitamos una nueva normalidad.

Quizás has estado luchando con niveles bajos de ansiedad durante mucho tiempo. O tal vez recientemente hayas experimentado una temporada de dificultades o estrés que ha causado un pico de ansiedad. Los últimos años de inestabilidad e incertidumbre definitivamente han revelado ansiedades ocultas que muchos de nosotros ya sentíamos. Sea cual sea tu situación única, podrías estar preguntándote: "¿Qué se supone que debo hacer con estos pensamientos? ¿Qué hago con estos sentimientos?".

¿Y si te dijera que no tienes que seguir en la espiral de los pensamientos tóxicos? ¿Y si te dijera que Dios tiene el poder no solo de salvar nuestra alma sino también de cambiar nuestra vida? Lo he visto hacer esto por otras personas y lo he visto hacerlo en mí.

Hace unos años pasé por una temporada de ataque. Fue silencioso, fue sutil y honestamente, apenas lo noté. Ocurría cada noche a las tres de la madrugada, cuando me despertaba sobresaltada y las ansiedades y dudas comenzaban a llenar mi mente. Me golpeó mes tras mes. Y lo peor era que ni siquiera me daba cuenta de que estaba sucediendo. Pensaba que era simplemente inevitable, que no tenía control sobre aquello. Estaba en guerra con el diablo en la noche, pero nunca lo admití en voz alta. Durante dieciocho meses no le dije a nadie lo que estaba sucediendo. Cuando finalmente lo mencioné a algunas personas, en el segundo en que lo hice, fue obvio: *Esto no era yo*. Había estado cayendo en la espiral, escuchando mentiras. Pero no lo veía porque no estaba protegiendo mi mente.

Entonces, ¿qué ocurrió durante mes tras mes de despertarme en medio de la noche y escuchar al diablo diciéndome lo que le diera la gana en la oscuridad? Hubo un costo para mi fe. Y para mi salud. Y para mis relaciones. Patrones de pensamiento tóxicos se arraigaron en mi mente. Quizás sepas lo que es ese sufrimiento y sentirte fuera de control. Pero también puedo decirte que cuando me di cuenta de que podía luchar contra ello, todo cambió.

Creo que estamos en guerra y que el enemigo de nuestra alma viene por nosotros de maneras que apenas notamos: en los miedos y ansiedades en nuestra mente. Creo que para ti, de alguna manera, el enemigo está apuntando a tu paz mental. Esas mentiras son reales para ti y te atacan todos los días.

Nuestra generación enfrenta algunas espirales únicas que nos arrastran al fondo y nos roban la paz, la alegría y la eficacia que podríamos ofrecer al reino de Dios. En este viaje de reconfigurar espirales descendentes, las abordaremos una por una. También daremos un vistazo a investigaciones en psicología y neurociencia, porque los estudios del cerebro confirman el poder de Dios en la manera en que construyó nuestro cerebro. Cuando se trata de la ciencia del cerebro, todo respalda a la Biblia. Es increíble. Todas las verdades que las Sagradas Escrituras nos brindan sobre nuestra mente —que podemos tomar cada pensamiento cautivo y que tenemos poder sobre ellos— todas estas verdades están expresadas en la ciencia. Es cierto. Hay esperanza. Podemos cambiar nuestras mentes.

Considera este devocional de cien días como una invitación a empezar a observar a diario patrones de pensamiento en espiral, a comenzar a ser sabio respecto a estos bucles de pensamiento tóxico que han tomado tanto de tu vida y de tu paz. Sí, el enemigo apunta hacia ti, pero estoy aquí para decirte que Dios te ama y también está luchando por ti. Nuestro Dios dice que tenemos el poder de destruir fortalezas. Que podemos ser transformados por la renovación de nuestra mente; la cual dirige cómo viviremos, a quién amaremos y qué haremos con nuestro tiempo en esta tierra.

Romper el ciclo de pensamiento tóxico es un proceso activo, por lo que es importante asumirlo día tras día, no pensando pasivamente en lo que se nos ocurra, sino luchando activamente por creer en la verdad al fijar nuestra mirada en Jesús, el autor y perfeccionador de nuestra fe. Al orientarnos hacia Él, las cosas de esta tierra pierden su poder. Así es como cambiamos. De manera imperfecta, lenta, incluso desordenadamente, pero volviéndonos hacia Jesús una y otra vez. Jesús es totalmente real y presente y está aquí para nosotros en este proceso, incluso mientras caemos y nos levantamos nuevamente.

¿Qué hay al otro lado de esta lucha? Ahora que he plantado guerra con esta parte de mi vida, después de haber pasado por ello yo misma, nunca he estado más contenta; nunca me he sentido más libre; nunca he estado más agradecida y nunca he tenido más paz.

Por supuesto que a veces todavía entro en espirales. La vida en esta tierra nunca puede ser una vuelta de victoria sin fin. El objetivo, sin embargo, no es ser una especie de perfecto ninja mental. Es acercarnos más al Dios que nos ama, que creó nuestra mente y que hizo posible que nos uniéramos a Él, caminando en la libertad que nos otorga. Porque Dios tiene gracia para mí y para ti y desea nuestra libertad, es que también podemos desearla para nosotros mismos. Y porque no se logra con mi propia fuerza o la tuya, podemos respirar y tener esperanza en que Dios obrará esa liberación mientras lo busquemos cada día.

Mucho puede suceder en cien días. El trazo de los senderos mentales puede ser corregido. La mente puede ser liberada. Las espirales pueden revertirse. Ya sea que emprendas este viaje solo con un diario y tu Biblia o con amigos y compañeros luchando los unos por los otros, toma este tiempo para ser franco y reflexionar sobre tus pensamientos. Para ir a la guerra contra las mentiras. Para expandir tu comprensión y compasión. Para conectarte. Para orar. Para renovar tu dependencia de un Dios que te libera.

En este libro encontrarás cien días de devocionales para desafiar tu pensamiento, alentarte y recordarte la suficiencia y gracia de

Dios en el camino a reconfigurar espirales negativas. La lectura de cada día incluye lo siguiente:

- un breve ensayo devocional
- versículos para meditar y empapar tu alma en la Palabra de Dios
- una declaración "Reconfigura la espiral" para pronunciar sobre ti misma
- una oración para iniciar una conversación diaria con el Creador de tu alma, quien desea traer paz a tu mente

Creo que la batalla por tu mente importa más de lo que podemos entender y que Dios quiere que vivas más libremente de lo que has sido hasta ahora. Así que estoy orando grandes plegarias por ti, pero también quiero orar pequeños rezos: que veas destellos de esperanza, que Dios te libere y veas abrirse tus ojos. Que veas de una manera nueva al enemigo y lo que quiere para ti y que no tendrás nada que ver con ello. Que emprendas la batalla. Que luches mejor de lo que jamás lo has hecho y que sepas lo que es reconfigurar las espirales en tu mente en el nombre de Jesús.

ANTES DE COMENZAR

TU SALUD MENTAL

PUEDE QUE HAYAS VIVIDO TANTO TIEMPO CON UNA LEVE TRISTEZA, que ya no recuerdas cuándo comenzó. O tal vez sea mucho peor que eso: una lucha cotidiana acompañada incluso de pensamientos suicidas.

Si la enfermedad mental es una lucha que enfrentas, ¿puedo por favor rodearte con brazos amorosos, mirarte a los ojos y susurrarte: "Esto —tu ansiedad o depresión o trastorno bipolar o pensamiento suicida— no es tu culpa"?

Puede que estés padeciendo de un verdadero desequilibrio químico en tu organismo. Lo entiendo. Varios miembros de mi familia dependen de medicamentos para ayudar a regular su química cerebral. Por favor escúchame: no hay vergüenza en esa alternativa. ¡Gloria a Dios por las herramientas que nos ayudan!

Solo quiero que sepas —por favor, acércate y escucha esto— que, a lo largo de este libro, cada vez que hable sobre Dios dándonos a elegir cómo pensar, no estoy sugiriendo que puedas superar una enfermedad mental con solo cambiar los pensamientos. No es así. He experimentado temporadas de ansiedad tan brutales que quedaba paralizada.

Hay etapas en que necesitamos ayuda en forma de consejería y medicamentos, pero espero mostrarte en las páginas siguientes que en cada temporada existe ayuda a la que podemos acceder por nosotros mismos y que aprender a concentrarnos en un solo pensamiento puede ayudarnos a todos, los que luchamos con enfermedades mentales y aquellos cuyas luchas son de otro tipo.

LA LÍNEA DE PARTIDA

No puedo imaginar un sentimiento más ansioso y que me haga caer en espiral que estar insegura sobre el significado de la vida y el futuro de mi alma. Así que antes de comenzar, me gustaría compartir la verdad fundamental que da forma a toda la perspectiva de este devocional: hemos sido creados con intención para un propósito. Estamos diseñados para una eterna relación íntima con Dios. Ese es el contexto en el que comenzamos a detener nuestra espiral, a salir de nuestra cabeza y a ser verdaderamente libres en nuestra almas y mentes. San Agustín dijo: "Nos has hecho para ti, y nuestros corazones están inquietos hasta que encuentren su descanso en ti".[1] En otras palabras, giraremos eternamente en la espiral hasta que conozcamos al Único que nos salva.

Así que si hoy no estás seguro de conocer a Jesús, o si necesitas un recordatorio de lo que Él ha hecho para hacer posible tu sanación, aquí está la base para todo de lo que vamos a hablar en estos cien días: el evangelio o las buenas nuevas.[2]

[1] Agustín de Hipona, Confesiones de San Agustín, trad. Albert C. Outler (Mineola, NY: Courier Dover, 2002), p. 103.

[2] Adaptado de Jennie Allen, Made for This (Nashville: W Publishing, 2019), pp. 269–70.

Teníamos una relación perfecta con Dios hasta que el pecado entró en el mundo a través de Adán y Eva. Y con el pecado vino la promesa de muerte y separación eterna de Dios. Pero desde el momento del primer pecado, Dios hizo una promesa que nos traería de regreso a Él.

Había que pagar la penalidad.

Nuestro pecado debía recaer en un sacrificio perfecto. Dios enviaría a su propio Hijo, perfecto e intachable, para cargar nuestro pecado y sufrir nuestro destino para recuperarnos.

Jesús vino como el cumplimiento de miles de años de profecía, vivió una vida perfecta y tuvo una muerte espantosa en pago por nuestro pecado. Luego, después de tres días, venció a la muerte, resucitó del sepulcro y ahora está sentado con el Padre, esperándonos.

Cualquiera que acepte la sangre de Jesús para el perdón de sus pecados es adoptado como hijo de Dios y recibe el propio Espíritu de Dios, quien nos sella y capacita para vivir esta vida por Él.

Nuestras almas girarán, inquietas y anhelantes, hasta descansar en Dios. Después de todo, fuimos creados por y para Él y Él lo dio todo para que nuestras almas finalmente y para siempre pudieran descansar en Él.

Si nunca has confiado en Cristo para el perdón de tus pecados, puedes confiar en Él en este momento. Simplemente dile cuánto lo necesitas y que confías en Él como tu Señor y Salvador. Ahí es donde comienza todo.

EMOCIÓN

PENSAMIENTO

CONDUCTA

RELACIONES

CONSECUENCIA

INTRODUCCIÓN
A LA
ESPIRAL

NO ERES UN PROYECTO DE REPARACIÓN

CUANDO COMENCÉ POR PRIMERA VEZ A MEDITAR acerca de mis pensamientos, veía mi mente como algo que podía arreglar. Pero cuanto más lo pensaba, más me daba cuenta de que ella es parte de mí y hace las cosas que hace en un intento por cuidarme. Hay razones por las cuales lucho con dudas y miedo y ansiedad y enojo. Buenas razones. Y sé que también es cierto para ti. Si nunca volvemos atrás y realmente miramos con compasión por qué llegamos a donde estamos en nuestra espiral, terminamos con la vergüenza de tener que "arreglarla". Y acabamos con más vergüenza cuando se descompone de nuevo.

Pero el Altísimo es un Dios de misericordia. Eso lo vemos a lo largo de toda la Biblia.

En el Antiguo Testamento, Él es paciente con Israel y continúa dando oportunidad tras oportunidad. Es paciente con David y los errores que comete, llamándolo un hombre según su propio corazón, incluso cuando David hace cosas impensables por las que lo descartaríamos, cancelaríamos y alejaríamos de nosotros. Él ama a David a lo largo de su vida, no solo cuando está ganando sino cuando está confesando pecados atroces.

En el Nuevo Testamento, vemos en Jesús a un Dios compasivo. Vemos un Dios que vino a la tierra para rescatar a las personas de sus propias decisiones. Vemos a un Dios que dijo: "¿Sabes qué? Abriré un camino para todos los lugares donde te has equivocado. Ni siquiera te pediré que lo arregles; lo haré Yo mismo".

La historia de Jesús no es una en la que nos arreglamos y luego Dios nos salva. Es una en la que estábamos completamente perdidos en nuestras transgresiones y errores y Dios nos rescató de todos modos y nos apartó.

Toda la Biblia es súper clara sobre el hecho de que tenemos limitaciones, que vamos a cometer errores, que no somos completamente curables en la tierra y, sin embargo, que estamos llenos del Espíritu que nos está ayudando. Somos nuevas creaciones que podemos producir el bien y el fruto del Espíritu. Y, sin embargo, todavía vamos a luchar a diario con nuestra carne y con nuestra mente.

No quisiera que pensaras que eres fácilmente reparable, ni que en los días en que entras en la espiral deberías sentir vergüenza de alguna manera. En todo caso, debes sentir esperanza de que necesitas a Dios y de que contamos con un Dios que está disponible cuando acudimos a Él. Él tiene compasión por nosotros, para que podemos compadecernos de nosotros mismos.

MEDITA:

Pero Dios, quien es rico en misericordia, a causa de su gran amor con que nos amó, aun estando nosotros muertos en delitos, nos dio vida juntamente con Cristo. ¡Por gracia son salvos! **(Efesios 2:4-5, RVA).**

RECONFIGURA LA ESPIRAL:

No tengo que arreglarme yo mismo porque Jesús murió para reconciliarme con Dios.

Dios: gracias por ser un Dios de misericordia. Cuando me canse en este viaje, cuando llegue a mis límites, lávame nuevamente en tu paciencia, tu amor, tu compasión. Amén.

DÍA

2

CÓMO LA QUIETUD ROMPE NUESTRA ESPIRAL

DE TODO EL ARDUO TRABAJO QUE HACEMOS para llevar nuestros pensamientos cautivos, la quietud puede ser el más difícil de todos: sentarnos, completamente solos, en silencio. Al mismo tiempo, el patrón que me ha resultado más provechoso es la práctica del tiempo a solas con Dios, porque en el silencio es donde mi vida mental cambió. Y la conexión con Dios es la base de cualquier otra herramienta dada por Dios que tengamos en nuestro arsenal. Si lo que queremos es un cambio sobrenatural, tenemos que acudir a nuestro Dios sobrenatural para encontrarlo.

¿Y exactamente cómo hacemos eso? La práctica de la quietud y la soledad en la presencia de Dios es la base de nuestra estrategia para interrumpir todo tipo de patrones de pensamiento problemáticos. Considera cómo el simple hecho de pensar en Dios puede cambiar tus pensamientos en espiral. Por ejemplo, si te encuentras en una situación de alta presión en el trabajo, estos pensamientos pueden rondar por tu mente:

CÓMO LA QUIETUD ROMPE NUESTRA ESPIRAL —— 23

> *Estoy molesta porque no me dieron el ascenso que merecía.*
> *Estoy estresada porque trabajo horas extras y no llego a fin de mes.*
> *Estoy ansiosa porque me estoy retrasando en mi proyecto y decepcionando a la gente.*
> *Estoy frustrada porque mi jefe es un microgerente.*

Observa el patrón en cada uno de estos pensamientos: [emoción negativa] *porque* [razón].

> *Estoy estresada porque trabajo horas extras.*
> *Estoy enojada porque ella fue grosera.*
> *Estoy frustrada porque no cumplí mi compromiso conmigo misma.*
> *Estoy abrumada porque tengo mucho que hacer.*

Con cada herramienta que Dios nos ha dado para luchar eficazmente en esta batalla por nuestra mente, podemos reconfigurar ese patrón negativo mientras recuperamos el poder que Él nos ha dado. Podemos replantear nuestras situaciones con un nuevo patrón: [emoción negativa] *y* [razón], *así que haré* [elección].[3]

> *Estoy molesta y fui ignorada, así que elegiré recordar que Dios no me ha olvidado.*
> *Estoy enojada y alguien fue grosera, así que elegiré meditar en la bondad de Dios hacia mí.*
> *Estoy frustrada y no cumplí mi compromiso conmigo misma, así que elegiré buscar versículos sobre la misericordia de Dios hacia mí y cómo ella es nueva cada día.*

---

[3] Para más información sobre el reencuadre cognitivo, consulta a Elizabeth Scott, "4 Steps to Shift Perspective and Change Everything" [Cuatro pasos para cambiar de perspectiva y cambiarlo todo], *Verywell Mind*, 16 de junio de 2019, www.verywellmind.com/cognitive-reframing-for-stress-management-3144872.

Estoy abrumada y tengo mucho que hacer, así que elegiré hacer una pausa y agradecer a Dios por existir fuera de los límites del tiempo y por capacitarme para lograr solo lo que tengo que hacer.

Cuando estás atrapada en una espiral descendente de distracción, ¿hacia qué verdad dirigirás tus pensamientos? ¿Cómo combatirás la mentira de que cualquier cosa que no sea estar en calma ante Dios te dará una verdadera satisfacción?

MEDITA:
Sólo en Dios reposa mi alma; de él proviene mi salvación **(Salmos 62:1).**

RECONFIGURA LA ESPIRAL:
Mi corazón fue hecho para estar quieto ante Dios.

Dios, gracias por hacer posible reescribir los patrones en mi cerebro. Enciende en mí el anhelo de Tu presencia y enséñame a elegirte una y otra vez. Amén.

EL PATRÓN

HAY UN PATRÓN ACTIVO EN MUCHAS DE NOSOTRAS. Nuestros pensamientos nos guían a ciertas emociones y esas emociones están dictando nuestras decisiones; y nuestras decisiones determinan nuestro comportamiento y luego nuestro comportamiento les da forma a nuestras relaciones (las cuales nos devuelven a niveles saludables o a pensamientos insanos). Vueltas y vueltas y vueltas, vamos girando hacia abajo aparentemente fuera de control y todo ello equivale a la suma de nuestra vida.

A veces gastamos toda nuestra energía en conversaciones, asesoramiento y oración, tratando de cambiar lo más visceral de nosotras, nuestras emociones, sin éxito. Después de todo, si te sientes triste y te digo que dejes de sentirte así, ¿se ha logrado algún progreso? No precisamente. Entonces, es hora de probar algo diferente.

En lugar de gastar nuestra energía tratando de solucionar nuestros síntomas, deberíamos ir directamente a la raíz del problema, incluso más profunda que nuestras emociones. La realidad es que nuestras emociones son un subproducto de algo más. Las emociones son el resultado de la forma en que pensamos.

Lo bueno de esta noticia es que podemos cambiar nuestra forma de pensar. Eso dice la Biblia. En el libro de Romanos, el apóstol Pablo nos dice "transfórmense por la renovación de su entendimiento" (12:2). Y una mirada profunda al funcionamiento interno del cerebro confirma lo que dice la Biblia: no solo se pueden cambiar nuestros pensamientos, sino que podemos ser nosotros quienes los cambiemos.

El enemigo de nuestra alma quiere hacernos pensar que estamos estancados tal y como somos. Que nuestra forma de pensar es parte de nuestro ser, incluso si no nos gusta adónde nos lleva. Pero la verdad de Dios nos dice algo diferente: en efecto, podemos cambiar. La ciencia y la Biblia confirman que podemos interrumpir nuestros pensamientos. Nuestro cerebro está lleno de circuitos neuronales, algunos superficiales y otros profundamente socavados por una vida entera de pensamientos, pero todos son moldeables. En ambos casos, Dios es poderoso para salvar. En ambos casos, Él es poderoso para sanar.

No tienes que dar vueltas en tus pensamientos. A medida que aprendas a interrumpirlos con la verdad de Dios, descubrirás que Él busca tu libertad.

MEDITA:
Y no adopten las costumbres de este mundo, sino transfórmense por medio de la renovación de su mente, para que comprueben cuál es la voluntad de Dios, lo que es bueno, agradable y perfecto **(Romanos 12:2).**

RECONFIGURA LA ESPIRAL:
No soy víctima de mis pensamientos; puedo interrumpirlos. *Dios: te doy gracias por crearme con la capacidad de cambiar y por haber moldeado mi cerebro con la habilidad de reconfigurarse. Cuando me sienta estancado en mis pensamientos, guíame a tu verdad. Amén.*

UN PENSAMIENTO

Dios construyó una vía para que escapemos de la espiral descendente en la que nuestros pensamientos tienden a recaer, pero rara vez lo hacemos. Hemos comprado la mentira de que somos víctimas de nuestros pensamientos en lugar de guerreros equipados para luchar en el frente de la mayor batalla de nuestra generación: la batalla por nuestra mente.

El apóstol Pablo entendió la guerra que se desarrolla en nuestros pensamientos, cómo nuestras circunstancias e imaginación pueden convertirse en armas que socavan nuestra fe y esperanza. Por eso nos instruye a que llevemos "cautivo todo pensamiento a la obediencia de Cristo" (2 Corintios 10:5).

¿Llevar cautivo *todo* pensamiento? ¿Cada uno de ellos? ¿Es eso posible? ¿Alguna vez lo intentaste?

¿Dios está hablando en serio?

Nuestros pensamientos vuelan más salvajemente que un gorrión hiperactivo. ¿Sabías que el ser humano tiene de doce a sesenta mil pensamientos por día? ¿Y que, de esos el 80% son negativos y el

95% son pensamientos repetitivos del día anterior?[4] Claramente, la espiral es real y está llena de más pensamientos de los que pareciera que podemos manejar.

Pero ¿qué pasaría si en lugar de tratar de capturar cada pensamiento, tomaras cautivo *solo uno*?

¿Qué pasaría si un pensamiento hermoso y poderoso pudiera mejorar esta caótica espiral de tu vida… cada vez que lo pienses? ¿Qué pasaría si pudieras aferrarte a una verdad que cambiara la tempestad de falsedades que te ha dejado sintiéndote impotente respecto a tu cerebro?

Un pensamiento para cavilar. ¿Podrías hacer eso?

Si bien es posible que no podamos mantener cautivo cada pensamiento en toda situación que enfrentemos cada día, podemos aprender a tomar cautivo *un* pensamiento y, al hacerlo, afectar a todos los demás que vendrán.

¿Cuál es ese pensamiento?

"Yo elijo".

¡Eso es todo!

"Yo elijo".

Si has confiado en Jesús como tu Salvador, ¡tienes el poder de Dios en ti para elegir! Tienes una elección dada por Dios, empoderada y redimida por Él con respecto a lo que piensas. Tienes la opción de elegir dónde concentras tu energía y para qué vives.

Yo elijo.

No estás sujeta a tus comportamientos, genes o circunstancias.

No estás sujeta a tus pasiones, deseos o emociones.

No estás sujeta a tus pensamientos.

Tienes una opción porque eres una conquistadora con armas para destruir las fortalezas del enemigo en tu vida.

---

[4] Benjamin Hardy, "To Have What You Want, You Must Give-Up What's Holding You Back" [Para tener lo que deseas, debes soltar lo que estás sosteniendo], Mission.org, 9 de junio de 2018, https://medium.com/the-mission/to-have-what-you-want-you-must-give-up-whats-holding-you-back-65275f844a5a.

MEDITA:

Las armas con las que luchamos no son las de este mundo, sino las poderosas armas de Dios, capaces de destruir fortalezas y de desbaratar argumentos y toda altivez que se levanta contra el conocimiento de Dios, y de llevar cautivo todo pensamiento a la obediencia a Cristo **(2 Corintios 10:4-5).**

RECONFIGURA LA ESPIRAL:

Puedo atrapar un pensamiento:

Dios: gracias por darme la alternativa de elegir lo que sucede dentro de mi cabeza. Por favor, recuérdame hoy que debo captar este pensamiento cada vez que sienta que mi mente cae en una espiral. Confío en tu poder divino. Amén.

OBSERVA TUS PENSAMIENTOS

Una psiquiatra amiga me dijo que la mayoría de los humanos cree una de las tres mentiras básicas que desencadenan pensamientos tóxicos. No podía creerlo, porque sentía que estaba creyendo un millón de mentiras por día.

Pero ella dijo: "No, solo tres". Después de probarlo me pareció factible. Esas mentiras son:

Soy impotente.
Soy indigna.
No merezco ser amada.

Estas mentiras son la base de nuestros temores. Cualquiera que sea tu miedo, no digo que no sea real. Hay tantos problemas reales en este momento: enfermedades, problemas económicos, circunstancias desastrosas de todo tipo. Pero hasta que llegues a la raíz de tu miedo, seguirá teniendo control sobre ti.

Intentémoslo. Toma cualquier problema que te provoque senti-mientos de ansiedad, consigue un diario y escribe tus pensamien-tos diariamente. Empieza a notar qué es lo que te preocupa. Fíjate en todo. No solo grandes y malos pensamientos sobre cosas como perder el trabajo, sino también cada pequeño pensamiento sobre preocupaciones mundanas. Algunos pensamientos ansiosos quizás ni siquiera los notes hasta que los escribas.

Una vez que adquieras el ritmo de reconocer lo que piensas, comenzarás a ver un tema. Ese tema suele revelar algo como: "Lo que realmente me preocupa es que estoy perdiendo toda mi seguri-dad". La mentira es: "Estoy indefensa". Cualquiera que sea la men-tira "raíz", pregúntate dónde y cuándo empezaste a creerla. Luego considera cómo tú podrías estar contribuyendo o perpetuando la mentira. ¿Te resulta difícil? Pasemos a la parte buena.

Después de que empieces a darte cuenta de qué mentiras estás creyendo, el siguiente paso es decirles la verdad. Si estás cayendo en una espiral de mentiras: "No soy digna de ser amada", no puedes simplemente decir: "¡Falso!" y hacerte creer que eres adorable. Mu-chos enfoques de autoayuda terminan ahí, pero esto no se sostiene en el tiempo. Dios tiene más para nosotras y hay una gran esperan-za en su plan y en su manera de renovar nuestra mente. Aunque yo pueda sentirme impotente, Él es poderoso. Aunque pueda sentirme indigna, Él ha dicho que soy digna. Si bien puedo sentir que no merezco ser amada, Él ha dicho: "Valió la pena morir por ti".

Lo que piensas en tu mente crecerá. Así que profundiza para descubrir la raíz de tus pensamientos ansiosos y luego reemplázala con la verdad. Cree en la verdad de Aquel que te creó, que te ama y te brinda ayuda y esperanza. En esta verdad serás libre.

MEDITA:
"Si ustedes permanecen en mi palabra, serán verdaderamente mis discípulos; y conocerán la verdad, y la verdad los hará libres" **(Juan 8:31-32).**

RECONFIGURA LA ESPIRAL:
Soy fuerte, digna y amada por Aquel que me creó.

Señor: revélame las mentiras que he estado creyendo, y enséñame a buscar la verdad que me hace libre. Amén.

NUESTRO ENEMIGO

Si creemos en la Biblia, debemos reconocer que es clara en una cosa: hay un enemigo para Dios y para nosotras. Estamos en guerra; no sé de qué otra manera decirlo. El deseo de ese enemigo es matar, robar y destruir. Y una de las principales formas en que lo veo hacerlo en nuestra generación, es a través de nuestra mente.

Jesús dice que el enemigo es padre de la mentira y que cuando habla, miente (porque eso es él). He visto como unos tras otros han creído esas mentiras. Yo también las he creído. Y aquí está la cuestión: ni siquiera nos damos cuenta de que estamos creyendo mentiras. Con el tiempo empezamos a creer que son ciertas y las consideramos como una realidad aceptada. Pronto nuestra mente se vuelve un caos, marcado por el desánimo, la distracción y el agotamiento. Pero hay una salida.

La Biblia dice: Pues aunque andamos en la carne, no militamos según la carne (2 Corintios 10:3). Muchas veces nos detenemos en lo obvio. Nos detenemos en la respuesta física y emocional en lugar de darnos cuenta de que está ocurriendo otra batalla. Es una guerra espiritual que se libra en contra nuestra, además de la física.

Todas luchamos contra nuestras propias mentiras. Y esas mentiras son reales para nosotras. He caído bajo ataques tan silenciosos y sutiles que olvidé por completo que el enemigo podría estar susurrándome una mentira. Podía creer que una mentira era verdad, caminar en ella, vivir con ella y construir patrones de pensamiento y espirales tóxicas en torno a ella sin siquiera reconocer la mentira tal cual era.

El enemigo es astuto al utilizar ciertas mentiras para atacar las mentes de nuestra generación. Desde el cinismo hasta el ruido y el victimismo, nos está lanzando una andanada de mentiras únicas. Sin embargo, las armas de nuestra guerra no son carnales, sino que tienen poder divino para destruir fortalezas. Al disciplinar y entrenar nuestros pensamientos, con el tiempo podemos cambiar nuestra mente.

Puedes reconocer al enemigo al que te enfrentas. Puedes hablar con autoridad sobre las mentiras del enemigo debido al poder de Dios que es real y lo suficientemente fuerte como para destruirlos. Puedes ser libre. Sí, hay un enemigo. Pero nuestro Dios es más grande.

MEDITA:
Revístanse de toda la armadura de Dios, para que puedan hacer frente a las asechanzas del diablo **(Efesios 6:11).**

RECONFIGURA LA ESPIRAL:
El enemigo es real, pero mi Dios es más fuerte.

Dios: gracias por tu poder y protección. Por medio de tu Espíritu, oro para que expongas las mentiras del enemigo para que pueda vivir libre. Amén.

LUCHEMOS

La mayor batalla espiritual de nuestra generación se está librando entre nuestros oídos. Ese es el epicentro de la batalla.

Cada evento grande u horrible que vemos en la historia, en la vida de nuestros hijos, en nuestra vida, está precedido por un pensamiento. Y ese pensamiento se multiplica en muchos otros que se convierten en una mentalidad, a menudo sin que nos demos cuenta. Nuestro objetivo es ser conscientes de nuestros pensamientos y convertirlos deliberadamente en una mentalidad que nos conduzca a los resultados que deseamos.

Así como una mentira ininterrumpida en mi cabeza tiene el potencial de provocar una destrucción inimaginable en el mundo que me rodea, un pensamiento que honra a Dios tiene el potencial de cambiar la trayectoria tanto de la historia, como de la eternidad.

En otras palabras: no eres lo que comes. No eres lo que haces. Eres lo que crees.

Probablemente sepas cuál es el pensamiento más recurrente para ti, ese que más que cualquier otro informa a tus otros pensamientos y sí, a tus acciones. El enemigo te dirá que el cambio es inútil, que eres víctima de tus circunstancias y de tus patrones de pensamiento.

El enemigo quiere que te conformes, que encuentres una manera de sobrevivir y ser más o menos feliz. Te instará a aceptar que "esto es lo que eres", que tu forma de pensar está demasiado arraigada en tu personalidad o tu educación como para cambiar alguna vez.

Contra tales mentiras, tu objetivo es llevar cautivo el pensamiento tóxico (tener el coraje para enfrentar ese pensamiento destructivo y definitorio) e interrumpirlo con este: *yo elijo*. El objetivo de llevar cautivo cada pensamiento no es tomar control de lo que nos sucede, sino descansar en la verdad de que Dios está con nosotras, pelea por nosotras y nos ama incluso cuando todo el infierno se levanta en contra nuestra. Jesús derrotó al pecado, a Satanás y a la muerte y resucitó, y debido a su victoria, el mismo poder de resurrección habita en quienes hemos sido redimidos por el evangelio.

Es un viaje hacia el gozo que no tiene ningún sentido según nuestras circunstancias.

Es una lucha por un propósito claro y enfocado en medio de un consumismo desenfrenado.

Es una paz dada por Dios que sobrepasa la comprensión de nuestros estados de sufrimiento.

Es aprovechar el tiempo en medio de una distracción y un ruido sin precedentes.

Es la belleza de estimar a los demás en medio de una cultura narcisista.

Es aprender a decir la verdad con amor en un mundo que dice que nunca debemos ofender.

Así es como se puede respirar profundamente y dormir tranquilos en una sociedad plagada de ansiedad.

Es una forma de vivir de otro mundo.

Eres ciudadano de otra realidad. Aprendamos a pensar así.

MEDITA:

...porque cuál es su pensamiento en su mente, tal es él **(Proverbios 23:7, RVA).**

RECONFIGURA LA ESPIRAL:

Elijo creer que Dios está conmigo, me defiende y me ama.

Jesús: Tú haces posible lo imposible. Traes el poder del cielo a la oscuridad de este mundo. Por favor redime mi mente; quiero honrarte con mis pensamientos. Amén.

LA MENTE DE CRISTO

Cada día nos bombardean con mensajes sobre cómo podemos hacerlo mejor y ser mejores. Sentimos esperanza cada vez que escuchamos cómo el mantra, ejercicio, plan financiero o determinación correcta nos llevarán a una vida mejor y más plena. Después de todo, ¿a quién no le gusta esa idea? Ninguna de nosotras quiere quedarse estancada donde se encuentra. Todas queremos florecer y prosperar. Sin embargo, aun con innumerables técnicas para encontrar la felicidad, luchamos por encontrar una que dure. ¿Por qué? Porque, por todo lo bueno que tiene la autoayuda, al final no alcanza. Necesitamos la ayuda de Dios.

Lo mejor que la autoayuda puede hacer con nuestro sufrimiento, con nuestras carencias y con nuestra espiral descendente, es declarar: "¡Hoy se acaba este horror!". ¡Y está genial! Así debería ser. Pero no necesitamos nada más que nuestros pensamientos en espiral paren; necesitamos que nuestra mente sea *redimida*. La esclavitud necesita rescate. La opresión debe ser levantada. La ceguera espera por la visión. El capricho debe ser transformado. No hay declaración autogenerada —por más fuerte y apasionada que se presente— que pueda hacer esto. En cambio, necesitamos una transformación completa: que nuestra mente sea intercambiada por la mente de Cristo.

No fuimos creadas para tener mejores pensamientos sobre nosotras mismas. Fuimos hechas para experimentar vida y paz cuando pensamos menos en nosotras y más en nuestro Creador y en los demás. La única verdadera autoayuda es, que como seguidoras de Jesús, creamos en quiénes somos como hijas e hijos del Rey del universo y sepamos que nuestra identidad ha sido asegurada por la sangre derramada del Hijo de Dios mismo. Cuando creemos eso de nosotras mismas, pensamos menos en nosotros y más en amar a Dios y a las personas que Dios nos pone delante.

Claro, puedes progresar por tu cuenta para controlar tu mente. Podemos hacer mucho para tomar el control de nuestras vidas. Tenemos un papel que desempeñar. Pero nuestro esfuerzo no nos llevará a cruzar la línea de meta si no hay una fuerza externa que mueva nuestro interior.

Una vez que tomes cautivo un pensamiento, lo sometes a Cristo. Esa es la única manera en que puedes experimentar una nueva mente, una nueva identidad y forma de vivir; una que esté habitada y empoderada por el Espíritu. El mundo sabe que no se puede lograr ningún progreso sin hacer el trabajo. Pero la autoayuda solo puede ofrecernos una mejor versión de uno mismo; Cristo busca rehacernos por completo. Dios en ti. La mente de Cristo.

MEDITA:

Porque ¿quién conoció la mente del Señor? ¿O quién podrá instruirlo? Pero nosotros tenemos la mente de Cristo **(1 Corintios 2:16).**

RECONFIGURA LA ESPIRAL:

En Cristo, mis pensamientos pueden ser redimidos.

Jesús: hoy elijo creer en tus poderosas verdades y actuar en base a ellas. Por favor, transforma y redime mi mente de la manera que solo Tú puedes hacerlo mientras tomo cautivos mis pensamientos y los traigo a ti. Amén.

PODER Y AUTORIDAD

TOMAR CAUTIVOS TODOS NUESTROS PENSAMIENTOS puede parecer una tarea imposible, especialmente si consideramos que tenemos un promedio de más de cuarenta pensamientos por minuto.[5] Todo parece demasiado fuera de control. Pero ¿y si te dijera que Cristo nos ha dado autoridad para interrumpir nuestros pensamientos y enviarlos a donde queremos que vayan?

La propia vida de Pablo fue un retrato de interrupción. Después de que cayeron las escamas de sus ojos, la vida y la mente de Pablo se centraron en una realidad completamente nueva: una centrada en Dios. No había otra esperanza, otra narrativa, ni ninguna otra pista reproduciéndose en segundo plano. Detuvo las cosas que lo habrían distraído y se permitió concentrarse en algo muy simple: "Porque para mí el vivir es Cristo, y el morir es ganancia" (Filipenses 1:21). Todo —siempre— se trata de Cristo.

---

[5] "How Many Thoughts Do We Have per Minute?" [¿Cuántos pensamientos podemos tener por minuto?], Reference, www.reference.com/world-view/many-thoughts-per-minute-cb7fcf22ebbf8466.

Pablo experimentó un cambio enorme y se convirtió en un hombre totalmente diferente. Ya no era esclavo de sus circunstancias ni de sus emociones. En cambio eligió vivir consciente del poder de Cristo en él, a través de él y para él. Pablo tenía el poder del Espíritu Santo y eligió vivir consciente de ese poder y bajo él.

En la paráfrasis que hizo el difunto Eugene Peterson de las palabras de Pablo en *The Message*, leemos que nosotros también tenemos esa autoridad:

Usamos nuestras poderosas herramientas divinas para aplastar filosofías deformadas, derribar barreras erigidas contra la verdad de Dios, encajando cada pensamiento, emoción e impulso que están sueltos en la estructura de vida moldeada por Cristo. Nuestras herramientas están listas para limpiar el terreno de cada obstáculo y construir vidas de obediencia hasta la madurez (2 Corintios 10:5–6, traducido de *The Message*).

Esto es lo que deduzco de estas palabras: tú y yo hemos sido equipados con el poder de Dios para derribar las fortalezas en nuestra mente y destruir las mentiras que dominan nuestros patrones de pensamiento. ¡Tenemos el poder y la autoridad para hacer esto! Sin embargo, muchas veces deambulamos actuando como si no tuviéramos poder sobre lo que permitimos que entre en nuestra mente.

Durante muchos años de mi vida fui víctima de la negatividad que se levantaba contra mí. ¿Te sientes identificada? ¿También has pasado demasiado tiempo de tu vida entregando el poder que llevas dentro a los argumentos y las mentiras en tu cabeza?

Pablo nos dice que no tenemos que vivir de esta manera, que podemos llevar cautivos nuestros pensamientos. Y al hacerlo, podemos ejercer nuestro poder para el bien y para Dios, eliminando fortalezas a diestra y siniestra. Tenemos el poder y la autoridad sobre nuestra mente y no al revés. ¡Qué emocionante es eso!

MEDITA:

Manténganse, pues, firmes en la libertad con que Cristo nos hizo libres, y no se sometan otra vez al yugo de la esclavitud **(Gálatas 5:1).**

RECONFIGURA LA ESPIRAL:

En el poder de Cristo, tengo autoridad sobre mi mente.

Jesús: por favor ayúdame a ejercer la autoridad que me has dado para interrumpir mis pensamientos y centrarlos en ti. Amén.

ENFOCA TU MENTE

CON TODO LO QUE SABEMOS HOY SOBRE EL CEREBRO, podemos ver que cada referencia que se hace en las Escrituras al corazón en realidad se refiere a la mente y las emociones que experimentamos en nuestro cerebro. Muchas de las verdades de la Biblia acerca de nuestra mente han sido respaldadas por la ciencia. Todo esto se vuelve cada vez más importante a medida que exploramos cómo tomar el control de nuestra mente y podría ser la clave para encontrar la paz en todos los demás ámbitos de nuestra vida.

Alguna vez pensamos en la mente como algo inmutable y fijo. El cerebro con el que naciste y la forma en que funcionaba —o no— era "como era"; no tenía sentido preocuparse por lo que no se podía cambiar. Ahora sabemos que el cerebro cambia constantemente, queramos o no.

¿Cómo cambia? El Dr. Daniel Siegel escribe: "Donde va la atención, el circuito neuronal fluye y la conexión neuronal crece (...) Patrones que pensaste que estaban fijos, en realidad son cosas que con algo de esfuerzo mental pueden ser cambiados".[6] En otras palabras, podemos elegir dónde ponemos deliberadamente nuestra atención y dónde no deberíamos ponerla.

Afortunadamente, lo que empieza como un esfuerzo se vuelve instintivo. Lo que para mí solo era posible hace doce meses, se volvió probable unos meses después. Y lo que era probable en la primavera, se volvió predecible al final del verano. Y basándonos en la idea de Pablo en el versículo de hoy, tú y yo podemos aprender a cuidar nuestra mente hasta el punto de que controlar nuestros pensamientos se vuelva un acto reflejo: una respuesta automática e intuitiva.

¿Cómo cambiaría tu vida si realmente pudieras adoptar una mentalidad que habita en el Espíritu? ¿Una mentalidad centrada en la vida y la paz? ¿Una mentalidad que piensa constantemente en Dios: quién es Él y qué quiere para ti? Este es el objetivo de las interrupciones deliberadas: puedes detener abruptamente las espirales alocadas de tu mente. A medida que practicas el arte de la interrupción, puedes cambiar a una mentalidad completamente nueva y, con cada cambio, te encontrarás creciendo cada vez más en la mente de Cristo.

MEDITA:
Porque los que siguen los pasos de la carne fijan su atención en lo que es de la carne, pero los que son del Espíritu, la fijan en lo que es del Espíritu. Porque el ocuparse de la carne es muerte, pero el ocuparse del Espíritu es vida y paz **(Romanos 8:5-6).**

RECONFIGURA LA ESPIRAL:
Hoy elegiré detenerme en la verdad de Dios.
Dios: ayúdame hoy a poner mi mente en las cosas del Espíritu, en la vida y la paz. Gracias por darme la capacidad de cambiar y fijar la dirección de mis pensamientos en ti. Amén.

---

[6] Daniel J. Siegel, *Mind: A Journey to the Heart of Being Human* [La mente: Un viaje al corazón del ser humano], (New York: Norton, 2017), pp. 179, 185.

IMAGINA EL GOZO

ANTES DE QUE PASE UN DÍA MÁS EN ESTA BATALLA POR TU MENTE, quiero que sepas que hay mucha gracia para este proceso. Es un camino de día a día, minuto a minuto, con muchos altibajos. Puede que a veces no parezca que vale la pena. Puede parecer un montón de palabrerías. Pero te lo aseguro, vale la pena. La libertad está del otro lado.

Entonces, te pregunto: ¿Cómo se ve y se siente la libertad para ti? ¿Cómo sería una mente sana, resiliente y floreciente? ¿Qué dejarías atrás? ¿Qué emprenderías? Cuando las cosas se ponen difíciles, quiero que imagines el gozo. Imagina un día saludable en el que sonrías al final del día, reconociendo la paz que sientes. Cuando tienes margen y espacio o conexión con tus seres queridos. Imagínate ser de edad avanzada, estar con tus nietos u otros niños jóvenes y ser encantadora, no una mujer amargada. Este es el fruto de una mente cultivada.

Lo que sucede con las espirales es que suelen crecer. La amargura crece, pero también la alegría, la paz, la paciencia y la bondad; así que tengamos en mente la visión a largo plazo. Queremos mejorar la salud de nuestras familias, nuestros nietos y las generaciones futuras. Queremos estar saludables para nosotros mismos. Queremos estar saludables para nuestro día a día. Si tenemos eso en mente, no nos rendiremos tan fácilmente.

¿Sabes que poco después de Año Nuevo todos tendemos a abandonar nuestras disciplinas o resoluciones? Yo fracaso cada vez, pero quiero quitarle la vergüenza a eso. Es humano. Eso es lo que hacemos. Nos caemos y nos levantamos. Caemos en espiral, fallamos y luego nos levantamos de nuevo y elegimos volver a poner algunos ritmos saludables en nuestra vida. Olvidamos que tenemos opciones y luego lo recordamos. Simplemente levántate y hazlo de nuevo. ¿Y sabes qué? Con el tiempo, serás una persona diferente. Puede que no seas diferente hoy y puede que no lo seas mañana, pero dentro de cien días o incluso dentro de años, a medida que pongas en práctica estos patrones y veas el poder que Dios te ha dado, serás diferente. Y la vida será mucho más placentera. Mucho más agradable. Es posible. Dios lo hizo así.

MEDITA:
No nos cansemos, pues, de hacer el bien; porque a su tiempo cosecharemos, si no nos desanimamos **(Gálatas 6:9).**

RECONFIGURA LA ESPIRAL:
Lo que elijo hoy es por el bien de mi futuro.

Dios: gracias por hacerme cambiar, remodelar y reconectar con el tiempo. Cuando caiga, ayúdame a imaginar y habitar en tu visión para mi vida: una visión de libertad y deleite. Amén.

REDIRIGIR LA ATENCIÓN

¿En qué te concentras? Conoces tu fijación. Es en lo que piensas constantemente. Nuestras fijaciones se manifiestan en nuestras palabras, sentimientos y decisiones. Son el foco de los libros que leemos, los podcasts, los sitios web, los grupos que buscamos y las obsesiones que perseguimos. Podría ser tu peso o preocupaciones por tus hijos o temor por tu salud. *Algo* está absorbiendo tus pensamientos.

Aquí está la cuestión: ¡Dios te ha dado el poder de interrumpir esta fijación!

Eso es lo que nos dice la Biblia y es una noticia que necesitamos escuchar desesperadamente.

La pregunta que queda es: ¿Cómo? ¿Cómo podría interrumpir mi espiral descendente?

Para ti, la respuesta —al menos en parte— podría estar en recibir terapia o en ser parte de una comunidad. O en ayunar. Ciertamente, en la oración. Para ti y para mí, ambos, la respuesta se centrará en Dios; en su presencia, su poder y su gracia.

Toda espiral puede ser interrumpida. No existe ninguna fijación fuera del alcance de los brazos de Dios.

Él nos ha dado el poder, las herramientas y su Espíritu para cambiar la espiral. Cuando estamos dispuestas a tomar la iniciativa de elegir diferentes pensamientos y elegir su verdad, algunas cosas muy interesantes comienzan a desarrollarse.

Por un lado, cuando tenemos pensamientos nuevos, alteramos físicamente nuestro cerebro. Cultivamos nuevas neuronas. Abrimos nuevos caminos. Cuando tenemos nuevos pensamientos, todo cambia para nosotras. Lo que pensamos, nuestro cerebro lo convierte. En lo que nos fijamos es, neurológicamente, en lo que nos convertiremos.

Entonces, ¿quién serás? Todo se reduce a un pensamiento. Y luego otro pensamiento. Y luego otro después. En otras palabras, dime en qué estás pensando y te diré quién eres.

Si no nos gusta hacia dónde va eso, tenemos el poder de redirigir esos pensamientos. Como hacemos con los niños cuando comienzan a perder el control. "Niño, pausa", les decimos. "Te amo. Estás bien. No tienes que entrar en pánico. Puedes escoger otro modo. Esto no tiene que abrumarte".

Les contamos lo que es real, lo que es verdad. Y lo que es cierto para ellos también lo es para nosotros. Redirigimos a los niños todo el tiempo. ¿Por qué no deberíamos redirigirnos a nosotros mismos?

Primero tenemos que recordarnos que el cambio es posible. ¡Podemos elegir! Y cuanto más a menudo nos aferremos a esa verdad, más fácil será interrumpir nuestras fijaciones y la espiral descendente de nuestros pensamientos y conducirlos a un lugar nuevo.

Es posible que descubras que algunos pensamientos, una vez interrumpidos, simplemente perderán su poder. Dios puede hacerlo. Otros pensamientos, sin embargo, pueden requerir ser llevados cautivos y redirigidos diariamente. O cada hora. O incluso, más frecuentemente que eso. Pero esos pensamientos se pueden capturar, se pueden contener.

Puedes ser libre. Puedes aprender a cuidar tu mente. La batalla por tu mente se gana al redirigir tus pensamientos y reenfocarte en Jesús, cada momento, cada hora, cada día.

MEDITA:
Yo te voy a hacer que entiendas. Voy a enseñarte el camino que debes seguir, y no voy a quitarte los ojos de encima **(Salmos 32:8).**

RECONFIGURA LA ESPIRAL:
Puedo redirigir mis pensamientos fijando mi mente en Jesús.

Jesús: ¡gracias por darme una opción! Ayúdame a educar bien mi mente, con el mismo tipo de amor y compasión que Tú me das. Guíame a elegir lo que es verdad hoy. Amén.

LIMPIOS

En el proceso de reconocer nuestros pensamientos, probablemente tendremos altibajos. Podríamos sentirnos maravillosas y libres un día y avergonzadas al día siguiente. Sin embargo, lo que hay que recordar es lo siguiente: no nos define lo peor o lo mejor de nosotras; nuestro Dios es quien nos define.

Toda nuestra tendencia a esforzarnos y probarnos, apunta a nuestra necesidad de ser rescatadas. Nuestra mayor necesidad comienza a ser satisfecha, cuando admitimos que tenemos grandes necesidades y acudimos al Único capaz de satisfacerlas. La Sagrada Escritura nos dice que tenemos un Dios que es fiel para perdonar nuestros pecados y limpiarnos de nuestra maldad.

Él es un Dios que nos limpia. Un Dios que nos sana. Es aterrador publicarlo y admitir nuestra necesidad. Pero apuesto a que quieres estar del otro lado. Quieres estar limpio y libre.

La vida cristiana se puede resumir en tres palabras: arrepiéntete y cree. Confiesas todos tus pecados, lo peor de ellos, y crees la verdad de Dios. Estamos de acuerdo con Dios respecto de nuestro pecado, y no solo lo confesamos, sino que también dejamos que la corriente limpiadora de la gracia de Jesús nos aleje de nuestro pecado. Esto requerirá humildad.

En mi experiencia, la humildad suele implicar un poco de humillación. Cada vez que soy sincera acerca de mis luchas, mi pecado, mi orgullo, los errores que he cometido y el pecado que anida en mi alma, eso es humillante. ¿Y sabes qué pasa justo después de que lo confieso? Inmediatamente siento todas las cosas que no quiero sentir: la vergüenza, el temor, el aislamiento. Los siento por un minuto. Me siento atrapada.

Pero dejo que ese sentimiento me invada, porque la próxima ola que viene es de alivio. De hecho, ahora puedo ser lavada y la vergüenza que inevitablemente me había afectado a mí y a todos los que me rodean, comienza a caer y retrocede con las olas de gracia. De la misma manera, cuando confesamos nuestros pecados, exponemos nuestra suciedad porque Jesús tiene el poder de lavarla y liberarnos de la esclavitud a ella. La gracia de Dios es exquisita y suficiente para la suciedad que parece imposible de limpiar. Arrepiéntete y cree.

Así es como se ve llenar tu alma con lo que Jesús promete: sientes arroyos de agua viva corriendo hacia ti, recibes un pan que nunca más te dejará con hambre y una luz que se apodera de las tinieblas. Así que saca tu suciedad y deja que Jesús la lave y luego ve y cuéntale a todos lo que Él ha hecho.

MEDITA:
Si decimos que no tenemos pecado, nos engañamos a nosotros mismos, y la verdad no está en nosotros. Si confesamos nuestros pecados, él es fiel y justo para perdonar nuestros pecados y limpiarnos de toda maldad **(1 Juan 1:8-9).**

RECONFIGURA LA ESPIRAL:
No me define lo peor o lo mejor de mí. Dios es quien me define.

Dios: agradezco que no dependa solo de mí liberarme. Quiero ser lavada de la manera en que solo Tú puedes hacerlo. Por favor muéstrame lo que significa arrepentirse y creer.

EMOCIÓN
Temor de una amenaza
real o percibida

CONSECUENCIA
Sin temor

PENSAMIENTO
No puedo confiar en que
Dios cuidará de mi futuro

RELACIONES
Presente y dispuesta

CONDUCTA
Reticente a la autoridad
de Dios

CONDUCTA
Sometida a la autoridad
de Dios

RELACIONES
Controladora y manipuladora

PENSAMIENTO
Dios está en control de cada
día de mi vida

Elijo rendirme ⟶

CONSECUENCIA
Ansiedad constante

EMOCIÓN
Temor de una amenaza
real o percibida

DE LA
ANSIEDAD
A LA
RENDICIÓN

¿QUÉ SI…?

¿Algunas veces te encuentras durante el día arrastrando los pies, caminando bajo el peso de los patrones de pensamiento de ansiedad? ¿A veces notas que tus pensamientos están rondando en torno a circunstancias o personas problemáticas? ¿Tal vez la ansiedad se ha convertido en tu banda sonora diaria, tan familiar que apenas notarás que está sonando de fondo en cada escena?[7]

No importa cómo se desarrolle la ansiedad, el enemigo tiende a atraparnos con solo dos palabritas: ¿Qué si…? Con ellas hace girar nuestra imaginación, tejiendo historias sobre la fatalidad que nos acecha por delante: "¿Qué si me acerco demasiado a esta persona y ella me manipula como la última amiga en quien confié? ¿Qué si mi cónyuge me engaña? ¿Qué si mis hijos mueren trágicamente? ¿Qué si mi jefe decide que soy prescindible? ¿Qué si…?".

---

[7] Por favor, ten en cuenta que estoy hablando aquí sobre patrones de pensamiento, no sobre la ansiedad que está arraigada en la química de tu cuerpo y para la cual te insto a buscar ayuda profesional, si esta es tu situación.

Como cultura, estamos castigándonos con el "qué si" hasta morir. Afortunadamente, nuestra herramienta para derrotar el "qué si…", como era de esperar, también se encuentra en dos palabras: Porque Dios.

Porque Dios viste los lirios del campo y alimenta a las aves del cielo, no debemos preocuparnos por el mañana.

Porque Dios ha derramado su amor en nuestros corazones, nuestra esperanza no será avergonzada.

Porque Dios nos eligió para ser salvos por su poder, podemos mantenernos firmes en nuestra fe sin importar lo que depare el día.

La libertad comienza cuando nos damos cuenta de lo que nos ata. Entonces podemos interrumpirlo con la verdad.

Ciertamente, existen niveles saludables de ansiedad tipo "qué si" que le indican a nuestro cerebro que tenga miedo de cosas a las que realmente vale la pena temer, como un oso en el bosque o el tráfico que viene en sentido contrario cuando cruzamos una calle. Pero cuando nuestro cerebro se atasca en la ansiedad (una reacción de huida cuando no hay ningún oso a la vista), hay una espiral a punto de iniciar. En esos momentos, nuestra reacción emocional ante cosas aterradoras va más allá de lo racional y se vuelve ilógica, porque las redes de miedo de nuestro cerebro están a toda marcha.

Dado que la preocupación constante no es una manera de prepararse para el futuro, trata de observar los momentos en los que tiendes a crear nuevas preocupaciones. Cuando experimentas respuestas físicas a situaciones o personas que no son amenazas reales y tu pecho se oprime, lo que te impide estar relajado o completamente presente. En esos momentos, cuando tus peores pesadillas —ya sean reales o imaginarias– se hagan realidad, recuerda que hay un Dios que te dará todo lo que necesitas.

La mentira dice: *no puedo confiar en que Dios cuidará de mi mañana*. La verdad es que *Dios tiene el control de cada día de mi vida*.

Hoy puedes elegir entregarle tus miedos a Dios.

MEDITA:

Hasta los cabellos de su cabeza están todos contados. Así que no teman, pues ustedes valen más que muchos pajarillos **(Lucas 12:7).**

RECONFIGURA LA ESPIRAL:

Cuando el miedo aparece, puedo sentir paz, "porque Dios…".

Dios: quiero darme cuenta de lo que está pasando en mi corazón y mi mente. Por favor ayúdame a recordar la verdad de que Tú tienes el control cuando mi mente comienza a dar vueltas. Amén.

LO QUE ES REAL

PABLO SABÍA QUE NUESTROS PENSAMIENTOS entrarían en la espiral de tanto en tanto. Eso queda claro por la forma en que escribió su carta a los filipenses. Sin embargo, les dice: "No se preocupen por nada".

¿Por nada?

Por nada.

¿Cómo pudo Pablo decir eso? ¿Dios realmente nos ordena esto?

Bueno, el apóstol ciertamente tenía mucho de qué preocuparse. Cuando escribió tales palabras, estaba encerrado en una prisión con una sentencia de muerte sobre su cabeza. Sin embargo, lo que escribió fue en serio. Lo dijo en serio por una sencilla razón: esta tierra no es nuestro hogar y nuestro hogar en el cielo está asegurado. Así que, si no hay que temer a la muerte ¿a qué debemos temer exactamente?

Las promesas de Dios nos dan la máxima esperanza en absolutamente todas las circunstancias. Él satisface todas nuestras necesidades. Él resolverá (al final) todos los problemas que podamos enfrentar aquí en la tierra. Pablo escribió confiando en esta verdad y luego nos dio una guía clara para deshacernos de los pensamientos ansiosos. Dijo: "En cuanto a lo demás, hermanos, todo lo que es verdadero, todo lo honorable, todo lo justo, todo lo puro, todo lo amable, todo lo que es de buen nombre, si hay virtud alguna, si hay algo que merece alabanza, en esto piensen" (Filipenses 4:8).

Centrémonos en uno de estos pensamientos de reemplazo: "Todo lo que sea verdad… en esto piensen".

Lo que a la mayoría de nosotras nos mete en problemas ni siquiera son temores reales. Nos preocupamos por cosas que tal vez nunca sucedan. De hecho, "el 97% de lo que te preocupa no es mucho más que una mente temerosa que te castiga con exageraciones y percepciones erróneas".[8] Eso pone en perspectiva todo lo que te preocupa, ¿no es así?

En el evangelio de Juan encontramos una increíble descripción del enemigo:

Ustedes son de su padre el diablo, y quieren satisfacer los deseos de su padre. Él era homicida desde el principio y no se basaba en la verdad porque no hay verdad en él. Cuando habla mentira, de lo suyo propio habla porque es mentiroso y padre de mentira (Juan 8:44).

En este pasaje vemos que la verdad es el arma más poderosa que tenemos contra el enemigo, que es "mentiroso y padre de mentira". Así que luchamos contra el enemigo con cualquier cosa que sea verdadera, es decir, ¡cualquier cosa que sea real!

Puede que seas alguien que se preocupa por naturaleza o alguien más optimista. Pero independientemente de tu personalidad, Dios te ha llamado a la esperanza, al gozo, a la perseverancia, ¡a pensar en lo que es verdad!

---

[8] Don Joseph Goewey, "85% of What We Worry About Never Happens" [El 85% de lo que nos preocupa nunca sucede], 7 de diciembre de 2015, https://donjosephgoewey. com/eighty-five-percent-of-worries-never-happen-2, citando datos resumidos en Robert L. Leahy, *The Worry Cure: Seven Steps to Stop Worry from Stopping You* [La cura para la preocupación: Siete pasos para detener que la preocupación te detenga] (Nueva York: Three Rivers Press, 2005), pp. 18–19

MEDITA:

No se preocupen por nada. Más bien, oren y pídanle a Dios todo lo que necesiten, y sean agradecidos **(Filipenses 4:6, TLA).**

RECONFIGURA LA ESPIRAL:

Puedo elegir pensar lo que es verdad sobre lo que podría suceder.

Dios: confío en que me revelarás lo que es real y lo que es verdad. Por favor ayúdame a elegir contrastar mis pensamientos ansiosos con tu verdad, tomando cautivo cada uno de ellos y llevándolo a ti. Amén.

¿QUÉ HAGO?

¿Qué hago?

He escuchado a innumerables personas hacer esta pregunta, individuos que enfrentan todo tipo de desafíos, desde la infidelidad conyugal hasta una adicción debilitante o un emprendimiento que fracasó o hijos descarriados o un diagnóstico médico devastador. Cada vez, después de explicar qué les hace entrar en la espiral de depresión, hacen la misma pregunta: "¿Qué hago?".

Lo que se preguntan es qué deberían hacer para solucionar la situación. O para arreglar su perspectiva. O para mantener a raya el dolor y el sufrimiento. O si ninguna de esas cosas es una posibilidad, quieren que les diga cómo rayos podrían seguir avanzando sin ceder a la desesperación y el desánimo.

¿Qué hago?

Psst. Déjame contarte la mejor noticia: tú no eres Dios. No eres omnisciente.

Cuando permitimos que nuestros pensamientos se salgan de control con preocupación y temor, ya sea consciente o inconscientemente, intentamos abrirnos paso a codazos hacia el papel de omnisciente, uno que solo Dios puede desempeñar. Olvidamos que en realidad es una buena noticia que Él tenga el control y nosotros no. Puede que tú y yo tengamos muchos dones y talentos, pero ser Dios no es uno de ellos.

Nuestro trabajo es confiar en Dios y aceptar su control, incluso frente a nuestros miedos.

Cuando reconozcas la mentira de que el mundo entero pesa sobre tus hombros, podrás quitarte ese abrigo asfixiante y dejarlo a un lado.

Entonces, ¿qué haces cuando empiezas a girar? Recuerdas quién es Dios y arrojas tus ansiedades sobre Él. Quizás tengas que hacer esto cien veces al día. Y reclamas la paz de Dios como tu promesa.

¿Qué pensamiento impregnado de temor está usando Satanás para sofocar tu fe? Di su nombre. Y busca la verdad.

- "Me temo que no podré soportar lo que sea que me depare el futuro". Confía en Dios, quien no permitirá que seas tentada más allá de lo que puedas soportar y siempre te dará fuerzas para soportar la tentación (1 Corintios 10:13).
- "Tengo miedo de que todos me abandonen". Confía en Dios, quien promete no dejarte y siempre cumple sus promesas (Deuteronomio 31:8).
- "Me aterra fracasar estrepitosamente y que todos lo vean". Confía en Dios, quien se especializa en tomar la debilidad y usarla para su gloria (2 Corintios 12:9-10).

Así luchamos contra la espiral. ¡Sacamos los pensamientos de nuestra cabeza, les robamos todo su poder y luego los reemplazamos con la verdad!

MEDITA:

El Señor es mi luz y mi salvación; ¿a quién podría yo temer? El Señor es la fortaleza de mi vida; ¿quién podría infundirme miedo? **(Salmos 27:1).**

RECONFIGURA LA ESPIRAL:

Puedo confiar en Dios y su verdad cuando no sé qué hacer.

Dios: cuando no sé qué hacer, ayúdame a recordar que Tú tienes el control y eres capaz de sostenerme ante todos mis temores. Amén.

ANSIOSA POR NADA

SE NECESITA FE PARA CREER QUE DIOS ES BUENO Y PERFECTO, aun cuando la vida no lo es. Y se necesita una elección deliberada para creer que Él tiene el control.

Quiero decirles una dura verdad: no hay garantías de que lo peor que tememos no se hará realidad alguna vez. A veces se cumplirán esos temores pero, incluso entonces, Dios sigue siendo nuestra esperanza inagotable. El cáncer puede afligirnos a nosotros o a nuestros seres queridos, pero, por el poder de Dios no nos vencerá, al menos no al final. Un cónyuge puede ser infiel, sin embargo, por el poder de Dios, la infidelidad no definirá nuestra vida. La crisis financiera podrá venir contra nosotras, pero por el poder de Dios, podremos seguir adelante. La desilusión y la duda puede abrumarnos, pero por el poder de Dios, no tendrán la última palabra.

El libro de Corrie Ten Boom, *El refugio secreto*, cuenta la historia de una familia holandesa que escondió a familias judías durante el Holocausto. Mientras lo leía, luchaba con las partes de la historia que proponían que sea lo que sea lo que el futuro nos depare, Dios es suficiente. Corrie relata este momento en el libro:

El padre se sentó en el borde de la estrecha cama.

—Corrie —comenzó suavemente—, cuando tú y yo vayamos a Ámsterdam, ¿en qué momento te daré tu billete?

Sollocé un par de veces, pensando en esto.

—Bueno, justo antes de subir al tren.

—Exactamente. Y nuestro sabio Padre celestial también sabe cuándo vamos a necesitar cosas. No te adelantes a Él, Corrie. Cuando llegue el momento en que algunos de nosotros tengamos que morir, mirarás dentro de tu corazón y encontrarás la fuerza que necesites, justo a tiempo.[9]

Con Dios, siempre tenemos exactamente lo que necesitamos cuando lo necesitamos. ¿Lo crees?

Este tipo de fe es lo que nos ayuda a desarrollar la mente de Cristo: una mente que confía en que el Padre nos dará exactamente la fuerza que necesitamos y no se adelanta a Él pensando en cómo nuestros peores temores podrían hacerse realidad.

Por favor, escúchame: no importa cómo sea tu vida hoy, no importa lo que te depare el mañana, Dios sí se preocupa por ti. Eres visto y cuidado por Él y no hay nada que temer porque Dios está contigo. No tienes que adelantarte a Él con tus ansiedades. Él te dará la fuerza que necesitas cuando más la necesites.

---

[9] Corrie Ten Boom. *El refugio secreto* (Madrid: Palabra), 2005, p. 29 del original en inglés.

MEDITA:

¡Vean a Dios, mi salvador! Puedo estar confiado y sin temor alguno, porque el Señor es mi fortaleza y mi canción; ¡él es mi salvador! **(Isaías 12:2).**

RECONFIGURA LA ESPIRAL:

Dios me dará lo que necesito cuando lo necesite.

Dios, cuando tema por el futuro, muéstrame nuevamente con qué firmeza me sostienes. Lléname de fe y confianza en tu poder y recuérdame que Tú puedes arreglar todas las cosas, sin importar lo que venga. Amén.

TEMER A DIOS

Cuando la Palabra de Dios nos dice que no temamos a nada en este mundo, es porque Dios nos cuida. Es porque nada va a venir en contra nuestra, ni siquiera el enemigo, sin el permiso de Dios. Dios tiene en su mano cada circunstancia que enfrentes. Él entiende las espirales, los miedos que estás sintiendo y las dudas que estás experimentando. Él entiende y sabe todo acerca de eso y también tiene poder sobre esas cosas.

No podemos proteger completamente nuestra vida de las cosas malas que suceden. Simplemente no es posible. Ese no es el objetivo en este mundo. Tendremos problemas, dice Dios. Cosas malas les han sucedido a personas piadosas y continuarán sucediéndoles hasta que Jesús regrese. Pero la realidad del mal reinante en el mundo no significa que tengamos que vivir con miedo. Jesús no murió para que vivamos con temor. Él entregó su propia vida para que podamos vivir *libres* del miedo. Por supuesto, como vivimos en un mundo en caída, enfrentaremos miedos reales. Pero frente a ellos podemos recordar que tenemos una esperanza eterna.

De eso habla Lucas en el versículo de hoy. Él no subestima al enemigo o sus tácticas amenazantes, pero sí dice: *No temas a la muerte.*

No temas a las enfermedades. No temas sufrir aquí. Si vas a tener temor de algo, teme a aquel que puede enviarte al infierno. Él está diciendo: "Mira que tu eternidad esté asegurada". Lo único duradero que te pueden quitar es la eternidad. Todo lo demás es negociable. Puede usarse para bien. Se puede integrar en esta historia eterna. Pero asegúrate de que Dios esté en el lugar correcto de tu vida.

Temer a Dios es respetar su poder. Y como dice A. W. Tozer, una vez que tenemos a Dios en el lugar que le corresponde, mil problemas se resuelven todos a la vez.[10] Cuando Dios está en su lugar, ese sentimiento pasa del miedo al mundo que nos consume la vida, al miedo que nos da la vida. Dios. Ese es el temor que nos hace libres.

MEDITA:
Amigos míos, yo les digo a ustedes que no deben temer a los que matan el cuerpo, pero más de eso no pueden hacer después. Yo les voy a enseñar a quién deben temer: Teman a aquel que, después de quitar la vida, tiene el poder de arrojarlos en el infierno. Sí, a él ténganle miedo **(Lucas 12:4-5).**

RECONFIGURA LA ESPIRAL:
Debido a que Jesús es mi salvación, mi eternidad está asegurada sin importar lo que suceda en la tierra.

Dios: incluso si mis peores temores se hacen realidad, elijo rendirme. Eres el Dios Todopoderoso. Tienes mi vida y mis días en tus manos y confiaré en ti. Amén.

---

[10] A. W. Tozer, *En la búsqueda de Dios* (Buenos Aires: Peniel), 2018, p. 97 del original en inglés.

ESPERANZA DECIDIDA

EN SU CARTA A LOS CORINTIOS, Pablo le escribe a la iglesia sobre lo que él llama sus tribulaciones "leves y momentáneas", pero no está hablando sobre un tropezón o un golpe en el dedo del pie. Habla de haber naufragado, de haber sido casi asesinado, encarcelado y golpeado, algunas de las peores cosas que podrían suceder. ¿Por qué habla de esas pruebas como "ligeras y momentáneas"? Porque tiene una visión de la eternidad que es real y palpable para él. Sabe que está en la escena inicial de la eternidad, que el "ahora" es solo una corta parte de su vida. Y no se dejará descarrilar por el único poder que tiene el enemigo, que es el *ahora mismo*.

Actualmente, en este mundo, el enemigo todavía tiene algo de poder aunque no sea un poder victorioso, porque al final no va a ganar. Pero ahora mismo, Dios permite que el enemigo nos ataque por un tiempo sabiendo que ese tiempo terminará.

El libro del Apocalipsis promete que habrá un tiempo en que el enemigo será rechazado y apartado del pueblo de Dios, y el sufrimiento, la muerte y la oscuridad, ya no serán parte de nuestra historia y de nuestra vida porque Dios se ocupará de eso para siempre. Y ese momento está llegando.

Pero en este tiempo, Dios en su misericordia está reteniendo su mano, porque en el tiempo de la justicia, en el tiempo del juicio, Él no quiere que nadie perezca (2 Pedro 3:9).

Entonces, sí, anhelamos estar con Dios algún día, pero mientras tanto tenemos trabajo que hacer. Mientras la historia siga avanzando y la tierra siga girando, tenemos trabajo que hacer aquí. La mentalidad de Pablo era: "No voy a distraerme con la dificultad. No voy a vivir paralizado por el miedo a lo que sucederá. Lo que tenga que pasar, pasará. No me sorprenderá, pero viviré con esperanza en una eternidad que será mayor que cualquier cosa con la que me enfrente aquí".

Había una esperanza en el cielo y en la eternidad que era mucho más grande para Pablo que cualquier otra cosa en su vida. No sé tú, pero yo quiero eso. Quiero imitarlo. El apóstol incluso dijo: "Imítenme a mí, así como yo imito a Cristo" (1 Corintios 11:1). Y mientras lo seguimos, lo que encontramos es una determinación que nos brinda una ruta de escape del miedo. Es una salida, porque lo que nos tiene cautivos a quienes tememos es que podamos perder algo en la tierra. Sin embargo, Pablo lo sabía: "Voy a perder cosas aquí, pero mientras viva, voy a vivir como Cristo. Y Él perdió su vida, perdió amigos, fue traicionado. Cristo perdió. Entonces yo también voy a perder en la tierra".

A eso se refería cuando dijo: "Para mí el vivir es Cristo, y el morir es ganancia" (Filipenses 1:21). La muerte es una ganancia porque ahí es donde todo se reconcilia. Ese es el tipo de esperanza que pone patas arriba el miedo. Así que no debes tener miedo de lo que puedas perder en esta tierra, porque tienes la esperanza del cielo.

MEDITA:

Porque estos sufrimientos insignificantes y momentáneos producen en nosotros una gloria cada vez más excelsa y eterna. Por eso, no nos fijamos en las cosas que se ven, sino en las que no se ven; porque las cosas que se ven son temporales, pero las que no se ven son eternas **(2 Corintios 4:17-18).**

RECONFIGURA LA ESPIRAL:

La esperanza en lo eterno pone mis miedos en su lugar.

Dios: quiero tener presente la eternidad y lo que allí me espera. Coloca sobre mi corazón el peso de tu gloria y de tu bondad, que pesan más que las cosas ligeras y momentáneas de esta tierra. Amén.

ALIMENTA TU FE

NUESTRA ARMA CONTRA EL TEMOR ES LA CONFIANZA EN DIOS, pero eso conlleva esfuerzo. Se necesita esforzarse para creer. Mi esperanza es que luchemos por nuestra fe, que la valoremos y que nos demos cuenta de que esperar en Dios y confiar en Él contiene una gran recompensa.

A lo largo de los años, lo he visto obrar una y otra vez. Mi propia confianza ha crecido desde el momento en que conocí a Dios por primera vez y ya no me quedo temblando por lo que pueda pasar con mis hijos o mi marido. Pero si lo pienso demasiado, terminaré muerta de miedo, entonces no alimento ese pensamiento. No le doy mi energía. Lo interrumpo. Lo redirijo. No le echo gasolina al fuego. ¿Por qué? Porque ¿qué sentido tiene darle mi energía a algo tan oscuro? Cuando Dios no me ha pedido que enfrentara esa prueba o ese terrible evento hoy, ¿por qué habría de temer que suceda?

Un día quizás tenga que enfrentar mis miedos hechos realidad. Algo podría sucederle a alguien a quien amo muchísimo, como mi esposo o mis hijos. Algo malo nos sucederá algún día y tendré que afrontarlo. Pero sé que, llegado ese día, tendré lo que necesito. Así que hoy no alimento ese miedo.

¿Estás alimentando el temor? ¿Cuál de ellos estás alimentando y cómo puedes interrumpirlo? ¿Cómo puedes utilizar las armas de tu arsenal? Dios te ha dado armas poderosas como su Palabra y la comunidad que te rodea. ¿Cómo puedes apropiarte de ellas y dejar que te ayuden a desarrollar tu confianza, depender más de Él y no dejar que este miedo te destruya?

Porque el miedo intentará desestabilizarte. Intentará distraerte y descarrilarte. Intentará impedir que seas audaz, que experimentes alegría y conozcas la paz.

Pero Dios te ha dado poder sobre el miedo para decir: "¡Basta! ¿Voy a insistir en esto? ¿Le voy a dar de comer? ¿Le voy a dar mi energía a esto? No". Interrumpe los pensamientos. Elige creer la verdad de Dios diariamente. Detén la espiral, porque puedes hacerlo.

En el momento en que ese miedo entre en tu mente, podrás admitirlo. Puedes llevárselo a Dios. Puedes expresárselo a los tuyos y puedes interrumpirlo. Canaliza tu energía hacia estas cosas, porque tienes la opción de hacerlo. Y la fe es una elección que nos trae muchísima libertad.

MEDITA:
Estas cosas les he hablado para que en mí tengan paz. En el mundo tendrán aflicción; pero confíen, yo he vencido al mundo **(Juan 16:33).**

RECONFIGURA LA ESPIRAL:
Puedo elegir qué pensamientos alimentar y hacia dónde dirigir mi energía.

Jesús: hoy elijo la fe en ti. Ayúdame a dirigir mi tiempo y energía a las cosas que traen vida y a quitarlas de las que no. Amén.

SUPERAR LAS PREOCUPACIONES

SEAMOS PRÁCTICAS. ¿Qué es lo que más te preocupa? ¿Qué es lo que te está poniendo más ansiosa? Escribe algunos de esos pensamientos y luego elige uno. Trabajemos juntas paso a paso.

Primero pregúntate: *¿Es verdad?* ¿Es real lo que te preocupa?

Yo misma hice este proceso y lo que más me preocupaba era que mi hijo acababa de irse a la universidad. Estaba entrando en pánico: "¿Será capaz de tomar buenas decisiones? ¿Va a salir con chicas que me caigan bien? Sin darme cuenta, en mi imaginación, temía que de alguna manera terminara en prisión. Ahora bien, esto es bastante descabellado. Por ahora mi hijo ama a Dios y está tomando buenas decisiones. Y es un gran chico. ¿Por qué estaba tan preocupada porque pudiera descarrilarse? Mis miedos no se basaban en la realidad.

Pero incluso si lo eran —y tal vez para ti esto es bien real— todavía hay esperanza. Si tu temor fuera cierto, ¿qué sigue?

La siguiente pregunta es: ¿Qué dice la Palabra de Dios al respecto? Por un lado, la Biblia dice que hay redención en todas las cosas, por la esperanza en el poder de Dios para tomar las cosas que están rotas y convertirlas en hermosas. Esa es la historia continua de la redención y de cómo obra Dios. No hay situación en la que no tengamos esperanza, porque Él obra todo para bien. Eso es lo que nos dicen las Escrituras. Entonces, incluso si algo que nos preocupa es real, podemos preguntarnos: "¿Qué dice Dios al respecto?". Y luego podemos empezar a decir algo como: "¿Sabes qué? Todas las cosas ayudan para bien. El cielo viene. Y tengo un hogar con Él para siempre". Simplemente comenzamos a identificar lo que es verdad.

La última pregunta que nos hacemos es: ¿Voy a creerle a Dios? Esa es la verdadera pregunta. Si eres como yo, puedes resolver la cuestión de si es verdadero o falso sin ningún problema. Puedes buscar lo que dice su Palabra. ¿Pero luego *elegir* creer esa verdad a diario? Ahí es donde te atrapa el enemigo. Ahí es donde puedes elegir mejor. Muy a menudo seguimos creyendo la mentira, actuando en consecuencia y dejando que los "qué pasaría si…" agiten nuestros pensamientos en un frenesí. Pero tienes la opción de creerle a Dios. Y cuando trabajes en este proceso de principio a fin, una y otra vez, comenzarás a ver cómo es estar libre del miedo.

MEDITA:
Ahora bien, sabemos que Dios dispone todas las cosas para el bien de los que lo aman, es decir, de los que él ha llamado de acuerdo a su propósito **(Romanos 8:28).**

RECONFIGURA LA ESPIRAL:
Puedo desenredar el caos de mi mente y encontrar la paz en la verdad de Dios.

Padre: cuando me digas que todas las cosas ayudan para bien, no permitas que pase por alto esa verdad. Deja que penetre profundamente en mi alma. Mientras supero mis preocupaciones, ayúdame a elegir creer en tus promesas. Amén.

PÉRDIDA Y GANANCIA

Tengo una amiga que por diversas condiciones cardíacas estuvo al borde de la muerte muchas veces; su disfunción podría llevarla al cielo en cualquier momento. Si yo fuera ella, estaría acosada por la ansiedad y el miedo. Pero ella me sorprende con la paz que tiene en Jesús. En el fondo no tiene miedo a la muerte, sino todo lo contrario: un anhelo por el cielo.

Si realmente pudiéramos creer que al otro lado de esta vida están las mejores partes, entonces ¿qué nos quedaría por temer? Si pudiéramos creer que no tenemos nada que temer —ni siquiera en la muerte— estoy convencida de que podríamos vivir mejor. Todavía habría pruebas y dificultades; todavía habría sufrimiento. Sin embargo, si pudiéramos dejar de tener tanto miedo a morir, podríamos empezar a vivir.

Pero, mientras nos aferremos a nuestra vida tratando de controlarla, sin darnos cuenta estaremos perdiéndola. Todas tenemos sueños para nosotras, para nuestros hijos, para nuestra carrera, para nuestro ministerio, para nuestras amigas. Tenemos expectativas de cómo terminaremos esta carrera llamada vida. Sin embargo, incluso si muchos de nuestros sueños se hicieran realidad, eso nunca nos llenaría el alma como pensamos que lo hará. Esta vida no es suficiente para llenarnos, pero Jesús es tan completamente suficiente que eso no importa.

Las personas que más han sufrido son también las más llenas de gozo. Jesús nos llama a este estilo de vida un tanto al revés. Aquí los sueños pueden hacerse añicos o nuestros mejores sueños pueden realizarse; sin embargo, en comparación con la gloria inmensa de conocer a Cristo, podemos considerar todo como una pérdida. Como dice el apóstol Pablo, en esencia: "Considero basura los sueños que tengo aquí, tanto los frustrados como los cumplidos, para ganar a Cristo y ser hallado en él".[11]

Quienes tenemos a Jesús podemos estar libres de la preocupación de que esta vida funcione perfectamente, porque una vida eterna perfecta está por llegar. ¿A quién o qué en esta tierra temeríamos si Dios está con nosotros? ¿A la muerte? Jesús la venció. ¿Al dolor? Pronto se terminará. Entonces podemos dejar de temer, porque nuestra eternidad está segura si tenemos a Jesús y el miedo no tiene poder sobre nosotros. Ninguna otra cosa en este mundo lo tiene.

MEDITA:
Y a decir verdad, incluso estimo todo como pérdida por la excelencia del conocimiento de Cristo Jesús, mi Señor. Por su amor lo he perdido todo, y lo veo como basura, para ganar a Cristo y ser hallado en él
(Filipenses 3:8-9a).

RECONFIGURA LA ESPIRAL:
A la luz de mi futuro eterno, con Cristo el miedo no tiene poder sobre mí.

Jesús: por favor cambia mi perspectiva. Que mi esperanza en ti sea mayor que todo lo demás. Ayúdame a elegir contar todas las cosas como pérdida, comparadas contigo. Tu amor es infinitamente suficiente. Amén.

---

[11] Mira Filipenses 3:8-9

GRACIA PARA LO IMPENSABLE

CUANDO EL MIEDO NOS ABRUMA, necesitamos recordar lo que creemos. ¿Crees que la Biblia es verdad, que Jesús ha ido a construir un hogar para nosotros? ¿Crees que esta es una historia de la que eres parte? ¿Crees que Dios es más poderoso que todo aquello a lo que le temes?

Eso es fe.

No puedo decirte que tus miedos no se harán realidad. No puedo. Pero sí puedo decirte que he vivido lo suficiente, he pasado por muchas pruebas y he visto personas que han soportado tantas cosas, que puedo asegurarte esto: el día en que suceda lo impensable, tendrás más gracia de Dios para afrontarlo de la que puedas imaginar.

Ahora mismo quizás no tengas esa gracia, pero lo he visto una y otra vez: en aquel día Él te dará todo lo que necesitas para atravesarlo. Así que no temas; no porque no sea difícil, sino porque es posible atravesar las noches más oscuras cuando tenemos una esperanza que permanece para siempre. Tenemos un Dios que no solo nos dice: "Ten esperanza", sino que también añade: "Yo lo atravesaré contigo y estaré contigo. En ese momento te proveeré cosas que ni siquiera puedes imaginar".

No entiendo por qué a la gente buena le pasan cosas malas, no tengo la respuesta para eso. Solo puedo decirte que sé que hay un Dios bueno que es más poderoso que todo eso, y que un día todos lo entenderemos, aunque aquí no seamos capaces de comprenderlo.

Entonces, ¿cómo no temer? ¿Cómo no sentir ansiedad? Bueno, comenzamos asegurándonos de que nuestra visión de Dios sea correcta. Y eso sucede conociéndolo íntimamente, caminando con Él regularmente, conociendo su Palabra y sabiendo quién es Él. Y empieza también por alimentarnos con verdades y realidades en lugar de con mentiras.

Muchos de mis miedos y sentimientos se basan en gran medida no en lo que es real, sino en narrativas inventadas en mi cabeza. Entonces tú y yo tenemos que recordar, ¿qué es real?

Dios es real. Él no irá a ninguna parte, incluso si tu mente salta a todo tipo de lugares oscuros. No puedes confiar en tus pensamientos o sentimientos para mantener tu fe firme. Dios mantiene tu fe en firme y estable.

MEDITA:
Aunque deba yo pasar por el valle más sombrío, no temo sufrir daño alguno, porque tú estás conmigo; con tu vara de pastor me infundes nuevo aliento **(Salmos 23:4).**

RECONFIGURA LA ESPIRAL:
Dios está conmigo y a mi lado, y nunca me abandonará.

Dios: gracias por ser mi proveedor y por caminar conmigo sin importar lo que enfrente. Confío en que me sostendrás, pase lo que pase. Amén.

EN GUERRA

¿TE ESTÁS SINTIENDO CONFUNDIDA O ABRUMADA ÚLTIMAMENTE? Eso nos ayuda recordar: estamos en guerra y una de las mayores herramientas del enemigo es la confusión. Entonces, déjame recordarte el problema que enfrentamos y la misión que abrazamos.

Cada enemigo de nuestra mente se remonta a un problema central: se está librando una batalla por nuestra vida. Entre nosotras y la victoria, hay una de estas tres barreras —o tal vez las tres—: el diablo, nuestras heridas y el pecado.

A veces el ataque viene directamente de Satanás y su estrategia es obvia. Tienta con maldad y castiga con sufrimiento. Sin embargo, por lo general es astuto. Tienta con éxitos e hipnotiza con consuelos, hasta que nos volvemos insensibles y apáticos respecto de todo lo que es importante.

A veces la batalla ocurre porque vivimos en un mundo en decadencia. Constantemente nos sobrevienen circunstancias que gritan: "Las cosas no son como debieran". No obstante, tendemos a cargar con un dolor profundo debido a nuestros quebrantos y rara vez lo notamos, por lo cual nunca lo reconocemos ni sanamos.

Pero la mayor parte de los problemas que enfrentamos en esta vida, toman la forma de pecado. Específicamente nuestro pecado, como las cosas que hacemos o no hacemos.

La mayoría de las veces, tú y yo no seremos derribados por un abierto ataque demoníaco. Nuestras pequeñas decisiones están logrando todo lo que el diablo pretende (nuestra pasividad y destrucción) sin ningún esfuerzo por su parte. Sin embargo, sea lo que sea lo que venga contra nosotros, ¡la conclusión es que estamos en guerra!

Para defendernos durante esta batalla, debemos nombrar los enemigos específicos a los que nos enfrentamos. Cuando empleamos las armas adecuadas en el momento adecuado para vencer al enemigo, podemos disfrutar de una intimidad renovada con Jesús y caminar con mayor libertad que antes.

¡Uf, gran tarea! Afortunadamente para nosotras: gran Dios.

Así que nombra las mentiras que te amenazan. Aprende a detectar las señales de que has sido atrapada por la trampa del enemigo. Aprende a pelear la batalla contra tu mente. Mira lo que sucede cuando eliges cambiar tus pensamientos hacia Dios, hacia la verdad de quién es Él y hacia la verdad de quién eres tú gracias a Él. Aprovecha cosas como la comunidad, el servicio y la gratitud, mientras vives la verdad. Y gracias a Dios, al final saldrás victoriosa.

MEDITA:
La batalla que libramos no es contra gente de carne y hueso, sino contra principados y potestades, contra los que gobiernan las tinieblas de este mundo, ¡contra huestes espirituales de maldad en las regiones celestes! **(Efesios 6:12).**

RECONFIGURA LA ESPIRAL:
Puedo usar las armas que Dios me da para ganar esta guerra.

Dios: eres el único lo suficientemente grande como para ganar esta batalla. Enséñame a luchar con sabiduría y a no vivir temerosa de las maquinaciones del enemigo. Confío en que me defiendes. Amén.

EMOCIÓN
Insatisfacción

CONSECUENCIA
Seguridad

PENSAMIENTO
Me sentiré mejor
si me distraigo

RELACIONES
Tranquila y segura

CONDUCTA
Información constante

CONDUCTA
Oración y meditación

RELACIONES
Demandante y desesperada

PENSAMIENTO
Solo estar con Dios
puede satisfacerme

Elijo permanecer en quietud ⟶

CONSECUENCIA
Inseguridad

EMOCIÓN
Insatisfacción

DE LA
DISTRACCIÓN
A LA
QUIETUD

CONOCE LA VERDAD

Vivimos en la generación más ruidosa que jamás haya existido. Ninguna generación ha tenido que lidiar con más datos que la nuestra, desde los teléfonos que tenemos en nuestras manos a las pantallas que miramos, a las voces que se filtran en nuestros auriculares. Aun así, en medio del ataque, tenemos una opción cuando nos levantamos en la mañana. ¿Nos dejaremos llevar por el ruido? o buscamos algo mejor.

Es urgente que pases tiempo con Jesús en su Palabra. Porque estás en guerra y necesitas tener la verdad en tu mente.

Primero, necesitas saber quién eres en Cristo. Tienes que saber quién es Dios. Debes conocer el objetivo de tu vida antes de dirigirte hacia él cada día. Has de tener la verdad tan claramente ante ti, que cuando veas y escuches otras cosas que vienen hacia ti y cuando te enfrentes a todo el ruido, puedas separar la verdad de las mentiras.

Este ruido que inunda nuestra vida no es aleatorio. Este sonido nos está alimentando con mentiras: ideas sobre nuestro valor, sobre lo que necesitamos para ser felices y sobre el modo en que maneja-mos nuestras relaciones. No se trata solo de un sutil ruido de fondo o música de ascensor. Estamos recibiendo un mensaje intencional y la mayor parte es claramente falso.

Cuando la verdad se presenta ante nuestra mente con total clari-dad, podemos contrarrestar el ruido. Dios quiere pasar tiempo con nosotros, no solo para que sepamos más datos sobre Él, sino para que podamos luchar mejor. Para que podamos realmente poner en práctica las cosas que sabemos acerca de Él. Pero, primero tenemos que saberlas. Y a medida que busquemos ese conocimiento, vere-mos que Él está luchando por nosotros a través de su Palabra.

La Biblia dice de sí misma que es espada de dos filos, que corta los huesos y traspasa nuestra alma (Hebreos 4:12). No hay ninguna otra cosa que tenga el poder de hacer eso. La Palabra de Dios puede cambiarnos. Nunca regresará vacía, sino que penetrará en nosotros y cumplirá sus propósitos (Isaías 55:11).

Dedicar tiempo diario a la Palabra es tan importante, porque la conexión con Dios es la base de cualquier otra herramienta que nos haya sido dada. No puedes conocer a Dios, compartirlo con otros, descansar en Él o encontrar esperanza en su persona sin pasar tiem-po con Él. Pasar tiempo en la Palabra te ayudará a conocerlo más. Y frente a todo el ruido, la decisión de tomarse ese tiempo tiene un poder real.

MEDITA:
La palabra de Dios es viva y efi-caz, y más cortante que las es-padas de dos filos, pues penetra hasta partir el alma y el espíritu, las coyunturas y los tuétanos, y discierne los pensamientos y las intenciones del corazón
(Hebreos 4:12).

RECONFIGURA LA ESPIRAL:
Puedo elegir pasar tiempo en la verdad de la Palabra de Dios.

Dios: gracias por luchar por mí a través de Tu Palabra. Gracias por la verdad y la claridad que brin-da. Hoy ayúdame a percatarme del ruido que viene a mi vida y a contrarrestarlo con la verdad de tu Palabra. Amén.

ESCAPE EN EL AJETREO

HAY MUCHAS MANERAS DE EVITAR EL SILENCIO, muchos tipos de ruido que elegimos para llenar los grandes vacíos de nuestra alma. Las redes sociales son lo obvio, pero hay otras cosas más. Mantenemos la música a todo volumen en nuestro auto o en nuestros auriculares. Llenamos nuestra agenda con todas las cosas buenas que creemos que deberíamos estar realizando. Hacemos malabarismos con comités y trabajos exigentes, intentando mantenernos al día con un número poco realista de amigas, pero nos sentimos aisladas. A menudo hacemos tanto por Dios que apenas nos encontramos con Él. Como resultado, sentimos que estamos perdiendo la batalla, dondequiera que miremos.

En medio de todo este ajetreo, hemos hecho imposible escuchar su voz que nos dice: "Quédense quietos, reconozcan que yo soy Dios" (Salmos 46:10, NVI).

¿Y por qué llenamos nuestra agenda a tope y hacemos todo lo posible por mantenernos todo el tiempo ocupadas? ¿De qué estamos huyendo o escondiéndonos? ¿Qué nos impide hacer espacio y tiempo para la tranquilidad que tan desesperadamente necesitamos?

¿Estás listo para lo que viene?

¡Tenemos miedo de que nos descubran!

Al igual que Adán y Eva en el Jardín del Edén, nos encontramos en la vida desnudas y asustadas, y por eso elegimos escondernos. Tememos que nos pongan a trabajar o nos pidan que hagamos algo difícil. Tememos que nos pidan que cambiemos o renunciemos a algo. Y lo más aterrador es que tememos estar solos. El momento de tranquilidad no es tan tranquilo, ¿verdad? De hecho, nuestras cabezas se vuelven más ruidosas cuando el ruido que nos rodea desaparece.

Pero detrás de cada uno de esos temores hay una mentira: *no puedo enfrentarme a Dios tal como estoy.*

Esta es la verdad: todas estamos en problemas. Es exactamente por eso que necesitamos tiempo a solas con Dios, en silencio, donde podamos escuchar su voz sanadora. Podemos elegir entre el caos y la tranquilidad, entre el ruido y la soledad con Dios, entre la negación y la curación.

El antídoto para huir de nosotros mismos es correr hacia el Único que nos ayuda a superarnos. La mentira es que pasaremos vergüenza. **La verdad es que el Dios que es Creador y soberano sobre el universo y el Dios que conquistó el pecado y la muerte es el mismo Dios que quiere estar contigo en tu dolor, vergüenza y otras circunstancias.**

Olvidamos que Dios no solo nos ama, sino que también le gusta estar con nosotras. Sí, Él lo ve todo; Él conoce cada pensamiento antes de que lo pensemos.[12] Y de alguna manera, a diferencia de los humanos, Él tiene gracia para todos.

Es mentira que te sentirás mejor si te mantienes distraída. La verdad es que solo estar con Dios satisfará tu alma.

---

[12] Salmos 139:2

MEDITA:

¡Alto! ¡Reconozcan que yo soy Dios! ¡Las naciones me exaltan! ¡La tierra me enaltece! **(Salmos 46:10).**

RECONFIGURA LA ESPIRAL:

A Dios le agrado como soy y quiere tener una relación conmigo.

Dios: elijo estar todavía contigo. Gracias por amarme tal como soy y por querer estar conmigo. Atrae mi corazón hacia ti en la tranquilidad de hoy. Amén.

PRÉSTALE ATENCIÓN

FUIMOS CREADOS FÍSICAMENTE PARA EL SILENCIO. Dios nos diseñó así y la ciencia confirma ese diseño. La meditación silenciosa literalmente cambia y altera fisiológicamente nuestro cerebro.[13] Reconfigura nuestra imaginación.[14] Disminuye los niveles de ansiedad y depresión.[15] Hace que nuestro cerebro permanezca más joven por

---

[13] Barbara Bradley Hagerty, "Prayer May Reshape Your Brain" [La oración puede remodelar tu cerebro], NPR, 20 de mayo de 2009, www.npr.org/templates/story/story.php?storyId=104310443.

[14] Sam Black, *The Porn Circuit: Understand Your Brain and Break Porn Habits in 90 Days* [El circuito porno: Entiende tu cerebro y rompe el hábito de la pornografía en 90 días], (Owosso, MI: Covenant Eyes, 2019), 38, www.covenanteyes.com/resources/heres-your-copy-of-the-porn-circuit.

[15] Cary Barbor, "The Science of Meditation" [La ciencia de la meditación], *Psychology Today*, 1 de mayo de 2001, www.psychologytoday.com/us/articles/200105/the-science-meditation.

más tiempo.[16] Tenemos menos pensamientos errantes.[17] Y el silencio eventualmente cambia nuestra perspectiva.[18]

Cuando desviamos nuestros pensamientos de nuestros problemas hacia el Único que tiene la solución en sus manos, recibimos una sabiduría que de otro modo no conoceríamos. Obtenemos una percepción que de otro modo no sentiríamos. Encontramos a Alguien que está *dispuesto* y *es capaz* de ayudarnos y, por lo tanto, está en una posición única para intervenir.

Llegamos a ver las cosas no como nos parecen, sino como realmente son.

Entonces, ¿cuál es la diferencia entre cómo nos parecen las cosas y cómo son? Pregúntate: ¿Cuántas veces has creado historias enteras basadas en los peores escenarios? ¿Alguna vez has construido en tu mente una narrativa completa que comienza a cobrar vida propia, basada en suposiciones y en tu imaginación hiperactiva, todo porque prestaste atención a los miedos, distracciones y catástrofes?

Si el bien más valioso que posees es tu atención, ¿a qué se la estás prestando?

¿Estás atendiendo a tu miedo? o al Dios que promete estar contigo. ¿Estás atendiendo a tu duda? o a la verdad que nunca cambia, ¿Estás atendiendo a tu necesidad de control? o al plan de Dios para ti, incluso si el caos irrumpe en la realidad presente. ¿Estás prestando atención a cómo te comparas con los demás? o a la gratitud que tienes por todo lo que Dios ha hecho por ti. ¿Estás atendiendo a preocupaciones relativas a tu salud, tu cuenta bancaria, tu carrera, tu cónyuge, tus hijos, tus remordimientos, tu pasado? o estás atendiendo al Dios vivo.

---

[16] Alice G. Walton, "7 Ways Meditation Can Actually Change the Brain" [Siete formas en las que la meditación puede en verdad cambiar el cerebro], *Forbes*, 9 de febrero de 2015, www.forbes.com/sites/alicegwalton/2015/02/09/7-ways-meditation-can-actually-change-the-brain/#98deead14658.

[17] Walton, "7 Ways…"

[18] Charles F. Stanley, "How to Meditate on Scripture" [Cómo meditar en las Escrituras], *In Touch Ministries*, 3 de agosto de 2015, www.intouch.org/Read/Blog/how-to-meditate-on-scripture.

Puedes hacer lo uno o lo otro, pero no ambas cosas a la vez. O atenderás las cosas que te aplastan o tomarás la carga ligera que es de Cristo. "Vengan a mí", dice. "No tienes que hacerlo solo."

MEDITA:

Vengan a mí todos ustedes, los agotados de tanto trabajar, que yo los haré descansar. Lleven mi yugo sobre ustedes, y aprendan de mí, que soy manso y humilde de corazón, y hallarán descanso para su alma; porque mi yugo es fácil, y mi carga es liviana **(Mateo 11:28–30).**

RECONFIGURA LA ESPIRAL:

La quietud con Dios reconfigura mi perspectiva.

Jesús: quiero prestarte atención. Ayúdame a regresar a ti una y otra vez y a conocer el suave descanso que Tú traes cuando me tranquilizo en tu presencia. Amén.

DIOS LUCHA POR NOSOTROS

¿SABES LO BIEN QUE SE SIENTE TENER A ALGUIEN QUE LUCHA POR TI? Saber que alguien te respalda, te defiende y nunca te abandonará.

Dios lucha por nosotras de una manera que a menudo pasamos por alto: en su Palabra. Así es como Él está luchando por ti ahora mismo. Algunas de nosotras miramos esa gran Biblia nos sentimos agobiadas ante ella. Podríamos llegar a pensar: "Oh, leer la Biblia es una obligación. Tengo que hacerlo. Pero tengo mucho más que hacer ahora mismo". La realidad es que ese Libro es Dios mismo luchando por ti. Él está peleando para que seas más libre, luchando para que lo conozcas y sepas de su amor por ti. Él está luchando para que entiendas cuánto ha hecho y cuánto quiere hacer por ti. De eso se trata ese Libro y eso es lo que llega a ti por medio de esas palabras.

Cuando reconocemos la verdad de lo que es la Biblia, podemos comenzar a construir una mejor relación con Dios. Leer la Biblia no es otra tarea que tachar de la lista de cosas para hacer, ni se trata de algo que haces para obtener una A en el boletín de calificaciones espiritual. Es mirar la poderosa Palabra de Dios con asombro y pensar: "Dios mío, ¡mi Dios está ahí! Quiero estar con Él. Quiero conocerlo".

La Biblia dice: "Es mejor pasar un día en tus atrios que vivir mil días fuera de ellos" (Salmos 84:10). ¿Creemos eso? ¿Creemos que el tiempo con Dios es mejor que cualquier otro lugar en el que podamos estar? Es el único lugar donde he sentido verdadera paz. En silencio, con Dios, especialmente en medio de dificultades e incluso en medio del duelo, la ansiedad o la preocupación, la paz llega. Y permanece mientras continuamos sumergiéndonos en su Palabra, dejando que rompa con los viejos modos y reemplace las mentiras con la verdad.

¿Permitirás que Dios pelee por ti? Esto es posible cuando crees en la verdad y te das cuenta del poder de lo que estás permitiendo que entre en tu mente. Seas consciente o no, recibes información todo el día, todos los días. Puedes decidir cómo responder a ello.

Así que profundiza hoy en las Escrituras, elige la verdad y viértela sobre ti y tus seres queridos. Lucha por ti mismo, lucha por tus seres queridos y deja que Dios pelee por ti a través de su Palabra viva y poderosa.

MEDITA:
Quédense tranquilos, que el Señor peleará por ustedes **(Éxodo 14:14).**

RECONFIGURA LA ESPIRAL:
Dios está peleando por mí con su Palabra.

Dios: gracias por luchar por mí, por darme el poder y la paz que provienen de tu presencia con tu Palabra. Cuando la lea hoy, impregna tu verdad en mi alma. Amén.

LE GUSTAS A DIOS

MUCHAS DE NOSOTRAS DESEARÍAMOS PODER ESCAPAR algunas veces de nuestras cabezas. Pero no deseamos salir de nuestras mentes hacia la nada; no somos capaces. La razón para hacerlo, es lograr entablar una relación con Dios.

Cuando fijamos a Dios en el centro de nuestras mentes, experimentamos una nueva clase de responsabilidad. Porque, adivina qué: Dios conoce cada uno de nuestros pensamientos antes de pensarlos. Tenemos un Dios que conoce nuestros pensamientos ahora. De hecho, Él está en nuestros pensamientos *con* nosotras. Y si bien eso conlleva cierta responsabilidad, también trae compañía. No estamos solas, perdidas o errantes en nuestros pensamientos. Dios está con nosotras en ellos y no está enojado por ellos. Él quiere desesperadamente que seamos libres de las mentiras que hemos elegido creer.

Si la idea de que Dios esté contigo dentro de tu cabeza te pone un poco nerviosa, no estás sola. Quizás sientas que estás siendo observada por la policía de los pensamientos o que Dios de alguna manera desaprueba las cosas que pasan por tu cabeza. Bueno, puede que ya lo sepas, pero por si acaso lo olvidaste, quiero decirte que le agradas a Dios. *De veras* le gustas. Eres su hija. Tal cual mi hijo de once años en la mañana si el día anterior se portó mal o se metió en problemas. Cuando baja a desayunar y entra en la cocina, lo único que siento cuando lo miro es lo mucho que me gusta. Me *gusta*; no solo lo amo. No necesito que él haga algo por mí para que me guste. De hecho, no lo necesito en absoluto. Realmente lo disfruto solo por lo que es.

Creo que eso es lo que a veces perdemos de vista: cuánto somos del agrado de Dios. Sí, Él está peleando por nosotras. Sí, Él nos ama. Sí, envió a su Hijo a morir por nosotros, pero también se deleita en nosotras. Si te concentras en eso, desearás cada vez más estar con ese Dios. Querrás disfrutarlo. Querrás pasar tiempo con Él en silencio y dejar que Él hable palabras de amor a tu corazón. Querrás experimentar su deleite sobre ti y querrás estar con Él.

Así que no pienses que dejarte conocer (y que tus pensamientos también lo sean) es una medida disciplinaria. En realidad, es la plenitud del gozo, estar junto a Aquel que te creó para su propio deleite.

MEDITA:
Me llevó a un terreno espacioso, y me salvó, porque se agradó de mí **(Salmos 18:19).**

RECONFIGURA LA ESPIRAL:
Estoy a salvo con Dios. Le agrado y quiere una relación conmigo.

Gracias Dios por ayudarme. Enséñame lo que significa deleitarme en ti como Tú lo haces en mí. Amén.

LA PLENITUD DEL GOZO

EL GOZO SE DEFINE COMO "una emoción de gran deleite o felicidad, causada por algo excepcionalmente bueno o satisfactorio". Por el contrario, la definición de *entretenimiento* es "una ocupación agradable para la mente; desviación; diversión".[19] Parece insulso en comparación, ¿verdad?

Fuimos creadas para el asombro y el gozo, pero con demasiada frecuencia nos conformamos con el mero entretenimiento. Dios nos creó para anhelar el gozo verdadero y pleno. Pero para muchas de nosotras, el anhelo de satisfacer nuestros corazones nos ha llevado más allá de Dios mismo, quien estaba destinado a colmar esos deseos, y hacia la distracción y escasos sustitutos que alivian el dolor de la insatisfacción y decepción, pero nunca nos llenan del todo.

Una de mis canciones de adoración favoritas se llama "Jesús es mejor". Piensa en ello: *Jesús es mejor*. Mejor que cualquier otro placer en la tierra. Mejor que estar enamorado. Mejor que la comodidad

---

[19] Dictionary.com, s.v. "joy," www.dictionary.com/browse/joy; s.v. "entertainment," www.dictionary.com/browse/entertainment.

de una hermosa casa. Mejor que un mes de vacaciones en la playa. Mejor que una comida increíble. Mejor que ir de compras. Mejor que agradarle a los demás. Mejor que el trabajo de tus sueños. Mejor que el sexo.

Pienso que quiero creer eso. Sé que se supone que debo creerlo. Pero en el día a día, ¿actúo como si lo creyera de verdad? Por lo general, me conformo con ir a Starbucks y navegar por Facebook en lugar de pasar tiempo con Jesús. ¿Por qué? Bueno, tal vez si no creyera la mentira de que esas actividades superficiales pueden satisfacerme, no seguiría cambiándolas por Jesús.

¿Cómo es que nos seguimos sorprendiendo cuando este mundo y todo lo que nos atrae no nos satisface? Nuestra alegría –o nuestra falta de ella– es el resultado directo de dónde pasamos más tiempo, donde ponemos nuestros pensamientos e invertimos nuestra energía. Tu alma se siente más satisfecha en los momentos breves y tranquilos en el piso del dormitorio donde oras o en el cómodo sillón donde lees tu Biblia o en tu auto, donde adoras a Dios con cantos. Tu alma se satisface más entregando de ti que consumiendo.

Hoy Jesús te está llamando a un camino inverso para descubrir el verdadero gozo, un camino que realmente te dará todo lo que estás esperando. Al pasar tiempo con Jesús, puedes permitir que tu alma hambrienta se sacie. Al descansar en Él, podrás recordar que eres parte de su increíble historia. Al deleitarte en Él, te sentirás segura de tu identidad. Y al escuchar su voz, reconocerás las mentiras que prometen satisfacción pero no cumplen y en cambio encontrarás la verdad que siempre cumple.

MEDITA:
¡En tu presencia soy muy feliz! ¡A tu lado soy siempre dichoso! **(Salmos 16:11, TLA).**

RECONFIGURA LA ESPIRAL:
Puedo elegir la verdadera alegría en lugar de la distracción.

Dios: quiero conocer el gozo en tu presencia. Cuando mi impulso sea conformarme con entretenerme y distraerme, ayúdame a elegir pasar tiempo contigo y la satisfacción que solo Tú puedes brindar. Amén.

SATISFECHA

Hace poco hice un experimento: apagué mi teléfono y me quedé sin conexión. Quería alejarme de las pantallas por veinticuatro horas. Al principio sentí que era liberador no tener nada que compitiera por mi atención. Pero ni siquiera había pasado una hora antes de que me diera cuenta de que inconscientemente buscaba mi teléfono como un adicto. Afortunadamente, cada vez que me sucedía, lo corregía y volvía a dejar mi teléfono. Experimenté una sensación abrumadora de la paz de Dios. Sentí que mi mente estaba más clara. Pude pensar: "¿Sabes qué? Puedo estar presente. Puedo disfrutar este día y la maravilla de simplemente permanecer en silencio con Jesús". Sin Instagram, sin comentarios brillantes. Solo Jesús, yo y el tiempo. Eso llenó mi alma y mi visión de la vida pasó del deber y la responsabilidad que normalmente siento, a la maravilla de ver incluso momentos cotidianos desde la perspectiva de Jesús.

Déjame decirte lo que sucede cuando aprendemos a elegir a Dios por sobre las distracciones que compiten por nuestros pensamientos y nuestra mente: Él se vuelve tanto mejor y más querido para nosotros. ¿Qué sucede con la apatía y el entumecimiento que nos adormecen y nos llevan a un lugar donde solo ansiamos el entretenimiento y el ruido como una droga? Eso cambia. Nos despertamos y anhelamos a Dios nuevamente. Descubrimos la libertad que surge al elegir dejar de lado las cosas en las que accidentalmente comenzamos a poner nuestra esperanza.

Quiero desear más a Dios. Quiero alcanzarlo y disfrutar de su amor por mí en lugar de tratar de obtenerlo de personas o cosas que nunca podrán satisfacerme. No quiero buscar una respuesta milagrosa al dolor que no puedo quitarme de encima, porque ya lo tengo. Ya lo tenemos.

Jesús es real y está vivo y está contigo ahora mismo. Él es quien con su Palabra derrama ríos de extravagantes, ricas e interminables maravillas en los vacíos de tu alma. De Él fluye todo lo que anhelas. ¿Lo crees? Es más, ¿lo aceptas a *Él* como suficiente?

Ahora bien, seamos realistas. Te dolerá lo que no tienes y gemirás por más. Las Escrituras dicen que esto es cierto, especialmente para quienes hemos probado a Dios. Nunca estaremos completa y eternamente satisfechas hasta que estemos en casa, en el lugar para el cual fuimos creadas: en el cielo con Dios, en la cena de las bodas del Cordero (Apocalipsis 19:6-9). Solo entonces todos tus sentidos quedarán saciados y todos tus anhelos se cumplirán.

Hasta entonces, experimentarás vacío y ansias. Después de todo, ninguna de nosotras puede hacer que la tierra sea el cielo sin importar lo que hagamos. Fuimos creados para otro mundo. Pero mientras tanto, Jesús nos ofrece una muestra de la plenitud suprema que está por venir. Que ese sabor te impulse a acercarte cada día más al Único que siempre llenará tu alma.

MEDITA:

El Señor sacia la sed del sediento, y colma con buena comida al hambriento **(Salmos 107:9).**

RECONFIGURA LA ESPIRAL:

Solo Jesús puede en verdad satisfacer mi corazón anhelante.

Dios: cuando mis pensamientos se distraigan, ayúdame a darme cuenta de dónde estoy poniendo mi esperanza. Elijo disfrutar hoy contigo, aquel quien realmente satisface. Amén.

ACERCARSE

En Gálatas 5 Pablo describe los efectos, tanto de retirarse de la presencia de Dios, como de acercarnos. Cuando nos acerquemos, cuando caminemos con el Espíritu, no estaremos sujetos al anhelo constante de satisfacer nuestros deseos carnales o entraremos en la espiral de distracciones que nos atraerá hacia abajo y abajo y abajo. Porque si nos retiramos de su presencia y andamos en la carne, las cosas comienzan a desmoronarse.

Pablo continúa enumerando cuáles son esos deseos de la carne: "adulterio, fornicación, inmundicia, lascivia, idolatría, hechicerías, enemistades, pleitos, celos, iras, contiendas, disensiones, herejías, envidias, homicidios, borracheras, orgías, y cosas semejantes a estas" (Gálatas 5:19-21).

Muchas de ellas suenan extremas, es verdad, pero algunas son demasiado familiares para nuestra mente en espiral.

Pablo también nos da una lista opuesta: enumera las cosas que surgen de caminar con el Espíritu: "amor, gozo, paz, paciencia, benignidad, bondad, fe, mansedumbre, templanza" (Gálatas 5:22–23).

No sé para ti, ¡pero a mí definitivamente me vendrían bien más de esas en mi corazón y mi mente!

Ahora, comparando ambas listas, es fácil observar esa letanía de obras de la carne y hacernos una idea general. Como no suelo dejarme tentar por la hechicería ni por las orgías ni borracheras, tengo mis propias obras carnales: mi amado Netflix, los ataques de ira que mis hijos parecen provocarme y la división que permito entre Dios y yo.

Pero, oh, cuánto necesito su presencia.

Lo necesito diariamente, cada hora, minuto a minuto. Y tú también.

¿Por qué? Porque incluso mi mejor día palidece en comparación con la realidad que Él dice que puedo vivir si cumplo con esa última lista. Y lo mismo ocurre contigo.

Él dice que podemos convertirnos en personas que *aman*, no solo de forma anecdótica sino *impulsivamente*, como un acto reflejo.

Él dice que podemos ser *gozosas*. Podemos ser personas con bondad, paciencia y paz.

Dice que podemos ser *buenas*. No para obtener alguna buena nota, sino simplemente porque nuestro Padre es bueno.

Él dice que podemos ser *fieles*. No tenemos por qué flaquear en nuestra fe.

Él dice que podemos ser *amables* y tener *dominio propio*.

Pero si tú y yo hemos de vivir de esta manera –no solo como una posibilidad sino como una realidad cotidiana y de cada momento– debemos caminar según el Espíritu, en lugar de dejarnos llevar por nuestros pensamientos caóticos y arremolinados. En otras palabras, necesitamos urgentemente tiempo en la presencia de Dios. Y a medida que te acerques a Él (día tras día, hora tras hora y minuto a minuto), Él plantará su fruto en ti y comenzarás a florecer.

MEDITA:

Digo, pues: Vivan según el Espíritu, y no satisfagan los deseos de la carne. Porque el deseo de la carne se opone al Espíritu, y el del Espíritu se opone a la carne **(Gálatas 5:16-17).**

RECONFIGURA LA ESPIRAL:

Cuando me acerco a Dios, florezco.

Padre: ayúdame a desearte, a anhelarlos a ti y a tu presencia y a reconocer cuando me estoy alejando. Amén.

EL RITMO DEL REPOSO

¿HAS ESCUCHADO A UNA SINFÓNICA ÚLTIMAMENTE? En el primer concierto sinfónico que vi, sinceramente no esperaba quedar impresionada. De hecho, esperaba aburrirme. Incluso cuando las notas de un violín cortaron el aire en un fantástico solo, no me conmoví. Entonces las flautas se unieron y bajé la guardia un poco. Luego cada uno de los casi cien instrumentos inundó la habitación y ahí, me desmoroné. Me recosté en la butaca tratando de procesarlo pero estaba más allá de mi comprensión. Cada cuerda, clave, nota y pausa trabajando al unísono, construyó una belleza que ni siquiera sabía que existía.

De la misma manera, tú y yo fuimos creados para disfrutar la sinfonía que Dios siempre está tocando. Es posible que escuchemos solo el golpe de un platillo aparentemente aleatorio o el bramido profundo de un violonchelo, en nuestros días comunes y corrientes. Puede que pasemos por alto el momento de silencio entre las notas sin saber que esa pausa le brinda a la música su estructura. Podríamos perdernos toda la armonía, porque todas las partes están separadas y han perdido su belleza. Pero todos nuestros días –los aburridos, emocionantes, ajetreados y los tranquilos– componen nuestra canción. La impresionante sinfonía de Dios.

Cuando me tomo el tiempo de escuchar la sinfonía de Dios, empiezo a sentirme como una completa necia por pasar siquiera un día de mi regalo de la vida aquí, entumecida, desconectada, distraída o tocando sola el violín, en lugar de mirar al director que está allí en el podio.

Pero eso es tan fácil de hacer.

Porque olvidamos la sinfonía más grande, la oculta gran historia, comenzamos a resentirnos e incluso a descuidar las partes pequeñas y cotidianas de nuestra vida. En su lugar elegimos la distracción. Pero si pudiéramos darnos cuenta de que las partes pequeñas están construyendo el cielo, tal vez no las dejaríamos de lado. Si pudiéramos reconocer a Jesús en medio de cada momento ordinario, desordenado y mundano, tal vez no lo daríamos por sentado. Porque Él está en cada momento. Él está en cada esfuerzo que hacemos por mirarlo, así como en los momentos en que nos olvidamos de hacerlo. Podríamos encontrarnos con Él en nuestro auto, en la carretera, en la mesa e incluso en el fregadero de la cocina. Estos son los lugares donde habitamos diariamente con Él.

Visión y descanso, trabajo y alegría, Jesús y dificultad: todos ellos deben coexistir. Cuando quedas atrapada en tus propias espirales de esfuerzo y distracción, pierdes de vista la belleza de la gran sinfonía que se desarrolla. Sin embargo, cuando te acercas a Él, puedes oírla. Él está haciendo algo hermoso con tu vida.

MEDITA:

Clama a mí, y yo te responderé; te daré a conocer cosas grandes y maravillosas que tú no conoces **(Jeremías 33:3)**

RECONFIGURA LA ESPIRAL:

Puedo escuchar la gloria de Dios en los momentos tranquilos de cada día.

Señor: en los pequeños y silenciosos momentos cotidianos de hoy, abre mi corazón a la sinfonía que estás tocando. Elijo buscarte y escuchar tu mayor canción. Amén.

DÍA

34

COMENZAR DE NUEVO

CUANTO MÁS ME ACERCO A DIOS, más me fascina su diseño intrincado de nuestros cuerpos y mentes, y toda mi investigación ha confirmado una y otra vez que lo que la Biblia dice es verdad. Por ejemplo, ahora sabemos que cada pensamiento que tienes importa *mucho*. Científicamente hablando, cada pensamiento que tenemos *cambia nuestros cerebros*.

Aquí tienes un poco de ciencia: dentro de tu cerebro hay alrededor de ochenta y seis mil millones de células nerviosas llamadas neuronas.[20] Ellas significan *todo* en la forma en que procesamos la vida. Dentro de las neuronas hay *microtúbulos* a los que se les ha llamado "el cerebro de la célula". Son un poco como un juego de Lego: construyen y reconstruyen.[21] Dentro de tus neuronas, esos

---

[20] James Randerson, "How Many Neurons Make a Human Brain? Billions Fewer Than We Thought" [¿Cuántas neuronas componen el cerebro humano? Muchos miles de millones menos de lo que pensamos], *Guardian*, 28 de febrero de 2012, www.the-guardian.com/science/blog/2012/feb/28/how-many-neurons-human-brain.

[21] Jon Lieff, "Are Microtubules the Brain of the Neuron?" [¿Los microtúbulos son el cerebro de las neuronas?], *Searching for the Mind*, 29 de noviembre de 2015, http://jonlieffmd.com/blog/are-microtubules-the-brain-of-the-neuron.

microtúbulos están constantemente reconstruyendo, separando, ajustando, cambiando, deteniendo y volviendo a arrancar, según —¡adivinaste!— cada uno de tus pensamientos.[22] Con cada idea que piensas, esos microtúbulos trabajan duro para proporcionar un andamiaje mental que soporte ese pensamiento. Ese andamiaje le da estructura a toda la célula nerviosa y altera físicamente tu cerebro.

¿Y cuánto tiempo tarda un microtúbulo en terminar el andamiaje? Desde la creación hasta la finalización: Diez minutos.

Desde el momento en que se origina un pensamiento hasta que ese pensamiento cambia fisiológicamente tu cerebro, han pasado diez minutos.[23] Ese único pensamiento ha despertado algunas neuronas y ha permitido que otras se queden dormidas. Ha construido una ciudad entera en algunas partes de tu mente y ha dejado otras como una completa ciudad fantasma.

Todo desde un simple pensamiento.

Hay dos maneras de ver esto. Una, es aterradora: "Si tengo un solo pensamiento negativo, ¡podría destrozar todo mi cerebro en diez minutos!". Pero, por otro lado, si has estado acostumbrado a tener pensamientos negativos, estás a solo diez minutos de un nuevo comienzo.

Con cada elección positiva que hacemos nos entrenamos para cultivar la mente de Cristo. Es como abrir un camino en el bosque. Al principio el sendero es solo hojas pisoteadas, pero con el tiempo, la demanda de ese camino hará que alguien coloque grava, luego vierta cemento y luego coloque farolas. Al final estará tan definido que no tendría sentido tomar otra ruta.

Es fundamental entrenarse para "tomar un buen sendero" en tu forma de pensar, porque cuando estés estresado o sufriendo, irás directo al camino predeterminado que habrás construido. Pero

---

22 Lieff, "Are Microtubules…"

23 John McCrone, citado en Dawson Church, *The Genie in Your Genes: Epigenetic Medicine and the New Biology of Intention* [El genio de tus genes: Medicina epigenética y la nueva biología de la intención], (Santa Rosa, CA: Elite Books, 2007), p. 141.

anímate: Dios te da la opción de comenzar de nuevo tantas veces como sea necesario.

MEDITA:
En realidad, ustedes son personas nuevas, que cada vez se parecen más a Dios, su creador, y cada vez lo conocen mejor **(Colosenses 3:10, TLA).**

RECONFIGURA LA ESPIRAL:
Dios me sigue dando nuevos comienzos.

Padre: gracias por la forma en que construiste mi mente. Gracias por hacerme renovable, reconstruible y modificable según tu imagen. Guíame a elegir un buen camino hoy. Amén.

EMOCIÓN
Herido

PENSAMIENTO
Las personas no son dignas de confianza, la vida no resultará bien

CONDUCTA
Crítica de mí mismo y de los demás

RELACIONES
Frío y sarcástico

CONSECUENCIA
Cinismo

CONSECUENCIA
Confiado

RELACIONES
Curioso y comprometido

CONDUCTA
Creo lo mejor de los demás

PENSAMIENTO
Dios es digno de mi confianza y, al final, hará que todas las cosas salgan bien

Elijo deleitarme ⟶

EMOCIÓN
Herido

DEL
CINISMO
AL
DELEITE

A CARA DESCUBIERTA

¿TE MOLESTA CUANDO LA GENTE ES OPTIMISTA? Cuando alguien es amable, ¿te preguntas qué quiere de ti? Cuando las cosas están yendo bien, ¿estás esperando a que todo se derrumbe? ¿Enseguida notas los defectos de las personas? ¿Te sientes incomprendida o te preocupa que alguien quiera usarte o sacar provecho de ti? ¿Eres cautelosa cuando conoces a alguien nuevo? ¿Te preguntas por qué la gente no puede organizarse? ¿Con frecuencia eres sarcástica? Si cualquiera de estas cosas te suena conocida, es posible que el cinismo haya invadido tu espacio mental.

Similar a un virus, el cinismo destruye nuestras relaciones y nuestra capacidad de deleitarnos con el mundo que nos rodea e involucrarnos plenamente con los demás. El cinismo dice: "Estoy rodeado de incompetentes, estafadores y fracasados". La mentira del cinismo es: *la gente no es digna de confianza y la vida no funcionará*. La verdad es que *Dios es digno de confianza y, al final, hará que todas las cosas ayuden para bien*. Dios siempre tiene abundancia de gozo y deleite para nosotras, pero nos lo perdemos si esperamos de brazos cruzados mientras estamos atrapadas en el cinismo.

¿Qué es lo opuesto al cinismo? El asombro. Los investigadores encontraron una interesante conexión al estudiar el asombro y la belleza: cuando experimentamos asombro, nos acercamos a los demás de manera beneficiosa. Cuando nos sentimos abrumados por la grandeza de la cima de una montaña nevada o nos deleitamos con una hermosa canción, cuando nos sentamos en silencio en una antigua iglesia y nos maravillamos de la forma en que la luz del sol se cuela a través de los vitrales, o cuando nos deleitamos con los chillidos de nuestros hijos mientras corren y se mojan con el regador del césped, dejamos de lado nuestra fijación de "todo se trata de mí". Nos liberamos de ser el centro de nuestro propio mundo por un momento y, al hacerlo, nos involucramos más en el bienestar de los demás. Somos más generosos y con menos pretensiones.[24]

En otras palabras, **el deleite derriba nuestros muros y permite que la esperanza y la adoración nos inunden.** Cuando el cinismo aumenta, podemos elegir deleitarnos y maravillarnos en Dios y ver señales de su obra en el mundo que nos rodea. Y adivina cómo surge la adoración en nosotros: cuando buscamos el deleite en lugar de los problemas.

El versículo de meditación de hoy es la descripción de Pablo de lo que sucede cuando nosotras, al igual que los israelitas, apartamos la mirada de las cosas que se desvanecen y miramos con deleite al Dios eterno. Es como si se quitara un velo y fuéramos transformadas: Dios obra en nuestro corazón y hace que nuestra vida sea más brillante y hermosa.

---

[24] Paul K. Piff et al., "Awe, the Small Self, and Prosocial Behavior" [Asombro, el pequeño ego y el comportamiento prosocial], *Journal of Personality and Social Psychology* 108, no. 6 (2015): 883, www.apa.org/pubs/journals/releases/psp-pspi0000018.pdf.

MEDITA:

Por lo tanto, todos nosotros, que miramos la gloria del Señor a cara descubierta, como en un espejo, somos transformados de gloria en gloria **(2 Corintios 3:18).**

RECONFIGURA LA ESPIRAL:

Puedo elegir el deleite antes que las espirales de cinismo.

Dios: cuando me canse de las cosas que suceden en mi vida, ayúdame a ver que hay otra opción. Abre mis ojos y mi corazón para maravillarme y deleitarme hoy. Amén.

ELIGE LO QUE VES

Si una tarde fuéramos juntas a una fiesta y la gente que está sentada al lado nuestro se quejara de la comida insípida, de la lista de reproducción aburrida y de los anfitriones groseros, saldríamos con la impresión de que la fiesta había sido un fiasco. A decir verdad, puede que no nos hubiera importado tanto la comida o la ambientación, pero esas quejas nos llevarían hacia ese lado negativo.

Nos iríamos pensando: "Ha sido una fiesta malísima".

Pero si fuéramos a la misma fiesta y en lugar de eso nos sentáramos junto a personas que están entusiasmadas con la deliciosa comida, la música divertida, la disposición de los asientos y los amables y generosos anfitriones, nos iríamos diciendo: "¡Qué fiesta tan divertida!".

¿Y si en lugar de una fiesta estuviéramos hablando de nuestra vida? ¿Y si estamos *eligiendo* ser infelices? En lugar de ver lo mejor y celebrar el bien, ¿cuántas veces hemos elegido ver solo las luchas y quejarnos de lo malo?

A menudo tenemos la legítima preocupación de que, si elegimos ver lo mejor en la vida, se aprovecharán de nosotras. Tal vez si no mantuviéramos la guardia alta, la gente podría ver nuestra ingenuidad y atacarnos. Eso es cierto. Pero cuando vivimos llenas de cautela nos consumimos por la autoconservación, la autoprotección y el pesimismo debilitante. ¿Quién quiere vivir de esa manera?

Es cierto que el cinismo se ha vuelto estimado en nuestra cultura, como si hubiéramos llegado a la conclusión de que los cínicos saben algo que el resto del mundo desconoce. Ellos están preparados, son cautelosos y *conscientes* a un nivel que el resto de nosotros somos demasiado sutiles para comprender. Pero en el fondo, el cinismo *siempre* está impulsado por el miedo al futuro o por la ira hacia el pasado. O tenemos miedo de algo que tal vez nunca ocurra o proyectamos algo que ha ocurrido, en todos los días venideros. Aceptamos la mentira de que es demasiado arriesgado esperar cosas buenas.

Pero ¿lo es realmente? La estrategia del enemigo es inundar nuestros pensamientos con visiones de todo lo que está mal en este mundo roto y caído hasta el punto de que ya ni siquiera pensamos en buscar algo positivo. El cinismo simplemente se convierte en nuestra forma de pensar y ni siquiera nos damos cuenta de lo que nos está haciendo.

Creo que es hora de despertar. De lo contrario, no solo nos perderemos una buena fiesta, sino también la maravilla que nos rodea: la celebración de las cosas buenas con las que Dios quiere bendecirnos.

¿Qué podría cambiar en tu vida hoy si eligieras ver lo mejor?

MEDITA:
Éste es el día que el Señor ha hecho; y en él nos alegraremos y regocijaremos **(Salmos 118:24).**
RECONFIGURA LA ESPIRAL:
Nunca es demasiado arriesgado para mí elegir la esperanza.

Dios: Tú haces posible que pueda esperar cosas buenas. Cuando la corriente de cinismo del mundo amenace con tragarme, recuérdame que no tengo que dejarme llevar. Amén.

BELLEZA ALUCINANTE

¿Cómo te sientes cuando contemplas algo verdaderamente hermoso? ¿Se te pone la piel de gallina? ¿Estás llorosa? ¿Abrumada? ¿Sobrecogida? La belleza nos interrumpe, nos despierta, nos deshace, nos abre y reinicia nuestro corazón. La belleza es la evidencia de Dios de algo mucho más maravilloso, que procede de un mundo más allá de lo que podemos imaginar incluso en los momentos más espectaculares que vivamos aquí. La belleza es prueba de un Dios mejor de lo que esperamos. Un Dios que nos vuela la mente. Y un Dios que nos diseñó.

Dios ha hecho todo lo posible para crear cada simple hoja en un majestuoso árbol, cada sublime grieta de una montaña. ¿No ha puesto mayor intencionalidad y cuidado cuando nos creó? No somos un error, mucho menos un accidente. Nuestra situación no está oculta a Dios. Él nos ha creado con sumo cuidado y de una manera muy original aplicando su creatividad a nuestro mundo.

Piensa en los *pavos reales*, ¡por Dios! Los colores y detalles son tan minuciosamente deliciosos. ¿Quién sino Dios haría eso? O imagina la manera en que una sinfonía aumenta hasta convertirse en algo que apenas podemos asimilar. Me yergo en atención cada vez que escucho algo como eso. O piensa en los patrones de los pétalos de una flor: tres para lirios, cinco para las amapolas, veintiuno para la achicoria, treinta y cuatro para las margaritas. Eso no sucede por casualidad, ¿sabes? Dios pensó en ellos y los creó.

Imagina las espirales perfectas tanto de huracanes como de conchas marinas. O los patrones estructurados del vuelo de las aves. O el diseño de nuestros codos y dedos de manos y pies. Está dondequiera que mires si tan solo tienes ojos para ver. Existe tal intención. ¡Tal artesanía! ¡Qué funcionalidad tan increíble! ¡Qué belleza! ¡Qué demostración!

Los científicos se preguntan si todo es mera coincidencia. Nosotros lo sabemos. La belleza no pretende simplemente hacernos sentir bien sino también apuntarnos hacia Dios.

En estos encuentros con cosas que son excelentes, que son adorables, que son verdaderas, emergemos diferentes de cómo éramos antes. Salimos totalmente cambiados. Cambiamos para mejor cuando centramos nuestra atención en lo que es bello, en lo que es auténtico, convincente y bueno. Más allá de la experiencia emocional positiva que nos provocan, esas cosas buenas pueden transformar el alma.

El cinismo se desmorona ante la presencia de la belleza.

Cuando elegimos ver la belleza, elegimos el deleite.

MEDITA:
Muy grandes son tus obras, Señor, y muy profundos tus pensamientos
(Salmos 92:5).

RECONFIGURA LA ESPIRAL:
La belleza me rodea y elijo verla.

Dios: tu creatividad y cuidado son asombrosos. Gracias por hacerme a mí y a cada cosa hermosa en esta tierra, con un cuidado tan impresionante. Abre mis ojos hoy para ver y experimentar tu deleite. Amén.

DERRIBANDO NUESTROS MUROS

Las resonancias magnéticas funcionales del cerebro muestran que cuando nos maravillamos de algo, nos volvemos menos centrados en nosotros mismos, más centrados en los demás y más conscientes del mundo y de quienes nos rodean.[25] En otras palabras, los sentimientos de asombro reducen el egoísmo.

Adoramos cuando experimentamos asombro.

Y el cinismo y la adoración no pueden coexistir.

Pienso en lo cínica que he sido a veces, en cómo yo, con los brazos cruzados, simplemente *no iba* a elegir confiar. *No quería* que nadie viniera a ayudarme, lo cual, por supuesto, es el problema. El cinismo es especialmente poderoso como herramienta en manos de Satanás, porque cuando tú y yo somos golpeados por él, no vemos nuestra necesidad de pedir ayuda. Pensamos que estamos muy bien, muchas gracias. La verdad es que necesitamos desesperadamente a Jesús.

---

[25] Avery Foley, "Wired for Awe" [Configurados para amar], *Answers in Genesis*, 1 de marzo de 2018, https://answersingenesis.org/human-body/brain/wired-awe.

Bruno Mars lanzó una canción de amor hace años que dice: "Tomaría una granada por ti... me pondría delante de un tren por ti". Aunque fue una canción pegajosa, no creo que Bruno realmente lo haría por ti, ¿sabes?

Pero adivina quién sí lo haría.

Adivina quién lo hizo.

¡Jesús, el Hijo de Dios! Él enfrentó el sacrificio más grande para romper nuestra fría actitud de "no necesito a nadie", nuestro intelecto, vergüenza y duda. Entró en nuestra realidad y nos cautivó con la historia que anhelábamos que fuera verdad.

Me imagino su rostro con una mirada de determinación absoluta, de compromiso y preocupación, de confianza, de "¡voy por ti!". Y, amiga, esto es lo que imagino para ti cuando te pienso luchando contra todo tipo de oscuridad y girando en espiral. Jesús vino por nosotros –por ti y por mí– incluso cuando teníamos los brazos cruzados. Él todavía vino por nosotras, amargadas, gruñonas, inseguras, llenas de dudas, cínicas, negativas.

Si el pensamiento disruptivo que cambia a todos los demás es "tengo una opción", hay una razón por la que eso es cierto. Es porque Jesús nos eligió primero. Es porque Él derribó la puerta y nos rescató con su belleza y bondad. Se preparó y vino por nosotras. Y por eso no deberíamos regodearnos en el cinismo, esperando lo peor. Porque se nos ha prometido una eternidad mejor de lo que podemos imaginar.

MEDITA:

Por lo cual estoy seguro de que ni la muerte, ni la vida, ni los ángeles, ni los principados, ni las potestades, ni lo presente, ni lo por venir, ni lo alto, ni lo profundo, ni ninguna otra cosa creada nos podrá separar del amor que Dios nos ha mostrado en Cristo Jesús nuestro Señor **(Romanos 8:38-39).**

RECONFIGURA LA ESPIRAL:

Tengo una opción, porque Jesús me eligió.

Jesús: gracias por venir por mí. Gracias por elegirme. Gracias por llenarme de esperanza y por hacer posible que elija adorarte hoy. Amén.

BELLEZA POR ENCIMA DE AMARGURA

Un cínico es alguien que "muestra una disposición a desconfiar de la sinceridad o bondad de las motivaciones y acciones humanas".[26] Si eres como yo, la desconfianza y la sospecha apenas se detienen ahí. Eventualmente comenzamos a desconfiar también de Dios.

El cinismo erosiona nuestra capacidad de ver a Dios correctamente.

En su raíz, es una negativa a creer que Dios está en control y que es bueno. El cinismo interpreta al mundo y a Dios basándose en el dolor que has experimentado y en las heridas que aún están abiertas de par en par. Te obliga a mirar horizontalmente a las personas en lugar de verticalmente a Dios.

A veces es difícil ver que el dolor que hemos experimentado está impulsando nuestro comportamiento.

La verdad es que el cinismo generalmente crece porque pensamos que merecemos algo mejor de lo que estamos recibiendo. En la

---

[26] Oxford English Dictionary Online, s.v. "cynic," www.oed.com.

raíz hay un dolor paralizante. El cinismo dice que nadie puede ser confiado y que nunca jamás estamos seguros.

En mi momento de mayor cinismo, sentí como si hubiera caído en una grieta y Dios, o no se había dado cuenta, o no le importaba lo suficiente para rescatarme. Me encontré pensando cosas como: "¿Por qué Él me abandonaría en planes que no creé y que no quería, sin consultarme? ¿Por qué permitió que resbalara en una grieta oscura y me dejó allí?".

El miedo generó una cáscara protectora de cinismo que bloqueaba no solo el potencial de dolor sino también el potencial de alegría. Sí, había sido fiel para expulsar ciertos pensamientos de tristeza y desgracia de mi mente, pero a menos que ayudara a que pensamientos mejores se instalaran y se asentaran, seguiría quedando atrapada en pensamientos catastróficos.

Pero entonces Dios usó, de todas las cosas, una obra de arte para llegar a mí. Era hermosa y me desarmó. La belleza irrumpió en mi corazón.

Esas cosas que Pablo dijo que pensáramos —todo lo hermoso, todo lo excelente y justo— son las cosas que pueden ablandar un corazón cínico y traer cordura a una mente caótica.

Dios usa la belleza para desbloquear nuestros brazos cruzados.

La belleza es la evidencia de algo más allá de nosotros mismos: es la evidencia de un mundo por venir, de un Creador que es amoroso y profundamente encantador. La belleza irrumpe y nos interrumpe cuando, en lugar de cinismo, elegimos confiar.

MEDITA:

Por lo demás, hermanos, piensen en todo lo que es verdadero, en todo lo honesto, en todo lo justo, en todo lo puro, en todo lo amable, en todo lo que es digno de alabanza; si hay en ello alguna virtud, si hay algo que admirar, piensen en ello

(Filipenses 4:8).

RECONFIGURA LA ESPIRAL:

La belleza es evidencia de que Dios me ama y se deleita en mí.

Espíritu Santo: por favor muéstrame dónde el dolor en mi vida ha permitido que el cinismo se introduzca lentamente. Permíteme ser ministrado por tu belleza y ser sanado con el amor y el poder que hay detrás de ella. Amén.

DEFENSORA ESPERANZADA

Constantemente a lo largo de las Escrituras se nos dice que seamos sobrias y tengamos discernimiento. Eso no es lo mismo que ser cínicas. El cinismo es un estado mental que nos deprime, pero *deberíamos* ser sabias y perceptivas y juzgar correctamente al hablar y actuar en contra de las faltas que vemos en el mundo. Espero que la gente vea a los seguidores de Jesús no como cínicos críticos del mundo, sino como defensores esperanzados, especialmente en casos que atañen a la injusticia.

Así que deberíamos abogar enérgicamente cuando ocurren injusticias. No es que nunca debamos hablar sobre la injusticia o ignorar el mal en el mundo. El peligro está cuando somos vencidas por el mal que vemos o cuando somos motivadas a actuar únicamente por nuestro propio dolor. En cambio, deberíamos ser impulsadas a actuar por obediencia y por la esperanza de que solo Dios puede traer cambios.

Creo que para mi hijo afroamericano podría existir un mundo mejor que el que tenemos ahora. No es que no vea sensatamente dónde estamos hoy. La clave es avanzar constantemente y orar: "Dios, redime lo que está roto, sana lo que está herido y lleva esperanza donde hay desesperación". Ese es un avance provechoso; es a lo que Dios nos ha llamado.

Nos ha llamado y creado para ser vencedoras y reconciliadoras, no críticos pasivos. Y creo que ahí es a donde nos lleva el cinismo. Nos pone al margen de lo que está sucediendo en el mundo y en la vida de otros y nos convence de cruzarnos de brazos. Y en lugar de trabajar hacia la acción, comenzamos a juzgar las motivaciones (que pueden o no ser verdaderas). Dios constantemente dice que no juzguemos las motivaciones, que Él es el único Juez de los corazones (1 Corintios 4:5). Por el amor de Dios, apenas podemos juzgar nuestras propias razones. Así que asumir lo peor sobre las personas cuando ni siquiera las conocemos no ayuda. Prefiero actuar, donde encuentro oscuridad. Eso es quien quiero ser. No alguien que está paralizado por el cinismo y la duda sobre la maldad de los demás, sino alguien que cree: "¿Sabes qué? Podemos lograr mucho bien trabajando juntos en nombre de Dios".

MEDITA:
Tengan ustedes en cuenta que los estoy enviando como a ovejas en medio de lobos; así que sean prudentes como serpientes y sencillos como palomas **(Mateo 10:16).**

RECONFIGURA LA ESPIRAL:
La esperanza de Dios hace posible un cambio positivo.

Padre: por favor, hazme sabia e inocente, una defensora esperanzada de la justicia en esta vida. Elijo no dejar al cinismo apartarme de un mundo donde hay tanto bien por hacer. Amén.

IGLESIA IMPERFECTA

No sé cuál es tu relación con la iglesia. Puede ser tu lugar feliz, donde vas a nutrirte y a compartir el amor de Dios. Puede ser una fuente de trauma profundo para ti y que ni siquiera puedas entrar por la puerta. O tal vez, después de años de ver el quebrantamiento dentro de la iglesia, has decidido que no se puede confiar en ella. Pero escúchame: en su mejor expresión, la iglesia es un lugar donde la salud y la integridad se difunden, donde somos imperfectos e incluso estamos rotos, pero somos formados a la mente de Cristo. Es donde nuestra mente puede cambiar para mejor.

Cuando piensas en lo *contagiosas* que son nuestras mentes y en cómo, cuando nos conformamos a la mente de Cristo, podemos influir en todos a nuestro alrededor para bien de manera poderosa, casi indescriptible, la iglesia se convierte en un lugar de esperanza. Es un lugar donde nos transmitimos unos a otros esa esperanza y esa salud.

Recientemente, mi amiga Jess me envió un mensaje de texto con una foto de su papá. Él es un hombre piadoso, un gran padre y un esposo fiel. También, vale decirlo, es un hombre con un problema de abuso de sustancias. Finalizó una temporada de rehabilitación hace unos meses y regresó a su iglesia y comunidad *con una misión*. Después de terminar su programa, regresó y comenzó a dirigir estudios bíblicos en la institución de rehabilitación que acababa de dejar.

La imagen que Jess me envió por mensaje de texto era de seis hombres de diferentes edades, etnias e intereses. Todos estaban sonriendo, sentados alrededor de una mesa. Jess escribió: "Mi papá se despertó el sábado por la mañana con la idea de invitar a sus compañeros de rehabilitación a cenar, así que él y mi mamá hicieron la invitación y unas horas después todos llegaron. Mi familia sigue siendo frágil, pero estas son las cosas que me ayudan a ver que Dios realmente extrae belleza de las cenizas".

Esto es para mí la belleza de una iglesia imperfecta. Solo Dios puede tomar nuestras partes más rotas y convertirlas en momentos de esperanza alrededor de hamburguesas a la parrilla y ensalada de papas. Solo Dios puede tomar lo que queremos esconder y construir la mejor historia que contaremos. Solo Dios puede convertir a personas que podríamos haber despreciado, en amigos, colaboradores y hermanos en Él.

Solo Dios.

Cuando pienso en la iglesia que Dios ha construido en esta tierra, pienso en el lugar donde acontece este tipo de sanidad. ¿Qué podría pasar en la iglesia si, en lugar de tratar al cuerpo de Cristo con cinismo por su quebrantamiento, entráramos con una humildad contagiosa? ¿Si permitiéramos que Dios nos convirtiera en familia de la manera en que solo Él puede hacerlo?

MEDITA:

Tengámonos en cuenta unos a otros, a fin de estimularnos al amor y a las buenas obras. No dejemos de congregarnos, como es la costumbre de algunos, sino animémonos unos a otros; y con más razón ahora que vemos que aquel día se acerca **(Hebreos 10:24-25).**

RECONFIGURA LA ESPIRAL:

Dios ofrece sanidad a su familia imperfecta.

Padre: gracias por la forma en que has hecho que tu pueblo funcione como un solo cuerpo. Por favor, ayúdame a luchar contra el cinismo y a favor de la humildad y la esperanza en el contexto de tu iglesia. Amén.

SÉ DADOR DE VIDA

¿POR QUÉ ES IMPORTANTE LO QUE CREEMOS? Porque nos elevamos a la altura de lo que creemos. Veo esto todo el tiempo en mis hijos. Cuando hablo verdades que dan vida a mi hijo Cooper, él se eleva a eso. Recientemente le dije antes de la escuela: "Amigo, eres un líder. Actúa hoy como tal". Él regresó a casa más tarde contándome lo bueno que había sido su día, todo porque había creído lo que le dije sobre sí mismo. Se elevó a ese cumplido. Se elevó a la altura de lo que yo veía en él. De la misma manera debemos comprender que cómo pensamos influye en lo que decimos y en lo que creemos sobre nosotras mismas y las personas que nos rodean.

Creo muchísimo en esta verdad. Recientemente, una amiga mía no sabía si estaba embarazada de un niño o una niña, y comentó: "No creo que resulte una buena madre si fuese una niña", a lo que tuve que responder: "Oye, amiga. Detente. No digas eso. No hables así. No hables negativamente de ti delante de tu hijo no nacido, independientemente del género. No te enganches en esa toxicidad. Ni siquiera lo pienses". Ella es mucho mejor de lo que nunca creyó.

Algunas hemos hablado y pensado negativamente y con cinismo sobre nosotras mismas durante demasiado tiempo, pero podemos cambiar eso hoy. No tenemos que hablarlo. No tenemos que pensarlo. Porque el lugar de interrupción no está en nuestras palabras, sino en nuestros pensamientos. Por eso debemos ejercer control sobre ellos. No tenemos que darles entidad a los pensamientos cínicos, porque nuestros hijos los están captando, nuestros amigos los están captando y las personas a las que estamos guiando y disciplinando, también los están captando. En cambio, sí podemos comenzar a hablar vida sobre nosotros mismos y sobre los demás; podemos ser dadores de vida (lo contrario de cínicos). Podemos ser dadores de vida, comunicadores de vida y pensadores de vida, para nosotros mismos y para los demás. Es una forma diferente de vivir y el mundo lo anhela.

Cuando vives de esta manera, sí, algunos pensarán que eres ingenuo, pero la mayoría querrá escucharte y estar cerca de ti porque necesitan personas que no solo hablen verdad, sino que realmente crean la verdad por ellos. Hoy haz la elección de darte vida a ti mismo, en primer lugar, y luego a los que te rodean. Deja que tu boca hable desde la abundancia de bondad que hay en tu corazón y mente. Porque puedes elegir mejores pensamientos y elevarte hacia ellos.

MEDITA:
Porque de la abundancia del corazón habla la boca
(Mateo 12:34).

RECONFIGURA LA ESPIRAL:
Daré mi energía a lo que da vida.

Jesús: por favor, ayúdame hoy a establecer un estándar más alto con mis pensamientos. Gracias porque me hiciste con la capacidad de elegir lo que vive en mi mente y corazón y lo que no.

UNA FUGA LENTA

¿ALGUNA VEZ HAS SENTIDO UNA FUGA LENTA EN TU VIDA? Es como con mi neumático. Cada vez que entro al auto, el aire en el neumático se reduce, pero tardará semanas en llegar a un nivel peligroso. Esta fuga es extra lenta, pero el tablero sigue alertándome de que está cada vez más bajo. Así es exactamente el cinismo. Es una fuga lenta del gozo en nuestra vida, porque si nos enfocamos en lo negativo, nunca seremos felices.

Como cristianas, tenemos metas mucho más grandes que la felicidad, ¿verdad? La felicidad no es nuestra meta final, pero, en definitiva, en lo que pensamos –y la alegría que habita en nuestra mente y corazón– debería ser de gran preocupación en el cristianismo. ¿Quién quiere imitar a personas que siguen a Dios si no tienen alegría? Nadie, realmente. Tenemos un Dios que nos da alegría suprema, esperanza y paz supremas; paz que sobrepasa todo entendimiento. Filipenses 4:7 nos lo dice. ¿No deberíamos reflejar esas cosas si realmente creemos que nos han sido dadas y si realmente estamos siguiendo a Dios?

Sin embargo, el cinismo nos hace cuestionar a nuestras autoridades para nunca someternos. Nos hace cuestionar a nuestras instituciones para nunca participar. Nos hace cuestionar a nuestras amistades para nunca conectarnos. Nos hace cuestionar a los miembros de nuestra familia para nunca, nunca sentirnos seguras. Erosiona nuestra confianza y nuestra alegría. Disminuye todos los dones que Dios nos ha dado para ayudarnos a seguirlo, para ayudarnos a crecer en la fe y para ayudarnos a vivir una vida plena, abundante y en obediencia.

Entonces, ¿cómo cambiamos esto? Bueno, en primer lugar, debemos tener cuidado con lo que alimentamos nuestras almas.

Por ejemplo, francamente, tuve que dejar Twitter. Era una influencia de las redes sociales en mi vida que siempre me hacía cínica. ¿Cómo podría creer lo mejor de los demás cuando parecía que constantemente estaba rodeada de gente enojada que creía lo peor?

Debemos proteger todas nuestras entradas, incluso de personas y voces en nuestras vidas. Hablo de aquellos que estarán en nuestro oído todos los días, los que realmente están cerca nuestro. Todos necesitamos elegir a aquellos que den vida y que vean lo bueno en el mundo y en nosotros. Y también podemos ser de esos que sacian a los demás. Podemos detener la fuga lenta de gozo, eligiendo ignorar las influencias cínicas y eligiendo en cambio experimentar el asombro y la alegría.

MEDITA:
El gozo del Señor es nuestra fuerza
(Nehemías 8:10).
RECONFIGURA LA ESPIRAL:
Puedo proteger mi alegría cuidando mis vías de acceso.

Padre: por favor, muéstrame por dónde puede estar perdiéndose el gozo dentro de mí y llévame a tomar las decisiones que necesito para detener esa fuga. Amén.

INCLINA LA BALANZA

¿Hay algo en tu vida que te esté inclinando hacia el cinismo? ¿Algo que no esté guiándote a la vida y la paz?

Es crucial identificar qué podría estar causando un espíritu cínico en ti hacia la gente. Podrían ser otras personas: vecinas chismosas, familiares negativos o amigas que siempre se quejan de sus cónyuges, de su trabajo o compañeros de trabajo. No digo que nunca debas juntarte con ellas, pero debes proteger tu mente no pasando *todo* tu tiempo con ellas. Y cuando te encuentres, ten un plan de defensa.

Siempre hay chismes, pero ¿cómo cambiamos la conversación? ¿Cómo llevamos vida y paz en ella? Podemos desarrollar una colección de frases que cambien el curso de la conversación. "¿Qué hay de bueno en tu vida últimamente?", "Bueno, a mí me cae bien ella". Cualquier cosa para inyectar algo positivo. Debemos ser luz en lugares oscuros, pero también necesitamos personas y lugares llenos de luz que nos traigan energía, vida y alegría. Debemos tomar decisiones que rompan la espiral del cinismo y nos inclinen de nuevo hacia la alegría.

La gente puede traer luz y la belleza puede iluminar nuestros corazones. Una canción puede hacer eso. Una obra de teatro hermosa. Un poema. Una pintura. Una escena en la creación de Dios. Te atraviesa. Simplemente te eleva. Toca algo en ti que a veces el sentido común, la sensatez y la verdad pueden pasar por alto. De nuevo, la belleza es evidencia de que hay un Creador que es amoroso y profundamente encantador.

El deleite y el poder de Dios se nos expresan diariamente a través de la creación, a través de los animales y de los bebés adorables. Creo que estas son las cosas que Dios usa para decirnos: "Soy seguro, soy confiable, soy agradable y mi mundo es bueno". Y sí, hay pecado a nuestro alrededor (a veces en las instituciones y en la gente). Lo que nos dice el cinismo es que el pecado debería hacer que nunca confiemos en los demás. El deleite, en cambio, dice que también hay bondad y confiabilidad. Y redención y alegría. Algunos días la gente y las situaciones nos decepcionarán, pero yo preferiría vivir llena de alegría, creyendo en lo bueno y lastimándome de vez en cuando, que esperar constantemente ser herida mientras solo veo lo negativo. Esa es una forma triste de vivir.

Así que sigue creyendo en lo bueno para nuestro país, para tu iglesia, para tu familia. Sigue creyendo en lo bueno para esta generación. Puedes elegir inclinar la balanza y creer en lo bueno.

MEDITA:
Cuida tu corazón más que otra cosa, porque él es la fuente de la vida
(Proverbios 4:23).

RECONFIGURA LA ESPIRAL:
Puedo elegir creer lo mejor de los demás.
Dios: no importa lo que pase en el mundo, por favor, ayúdame a ver lo bueno a mi alrededor. Elijo tener esperanza. Amén.

NUEVAS MISERICORDIAS

Uno de mis pasajes favoritos en las Escrituras es aquel que dice que las misericordias de Dios son nuevas cada mañana (Lamentaciones 3:23). Cada mañana me lo repito a mí misma. Cada vez que he llorado mucho o he tenido una pelea intensa, cuando me despierto al día siguiente, me lo repito. Sus misericordias son nuevas *cada* mañana. Es como una buena ducha fría. Es un recordatorio de que tenemos un nuevo día. El sol está brillando, seguimos respirando y Dios todavía nos ama. Y tenemos gracia para movernos, cometer errores y ser imperfectos.

Todos necesitamos esta misericordia tanto como necesitamos corrección y mejora. Llegamos a la salud y la libertad que anhelamos de esta manera inversa, no metiéndonos a la fuerza una lista de tareas, sino siendo guiados suavemente hacia el agua. Es lo que Jesús hace por nosotros. En el Salmo 23, vemos esta guía suave del Espíritu: *me lleva a arroyos de aguas tranquilas.* ¡Me encanta ese lado de Dios! Es por eso por lo que podemos llamarlo Amigo y Padre amoroso, porque no nos ha reprendido. Él nos refresca.

Espero que mientras continúas en este viaje para revertir tus espirales negativas, puedas ver cómo Dios te está conduciendo a aguas tranquilas, que sientas que se está desarrollando una historia de esperanza y ayuda, porque creo que ambas cosas están disponibles para nosotras. No necesariamente nos sentiremos completamente plenas en algún punto mágico en el futuro. He visto durante mucho tiempo que las mismas luchas que tenía a los diez años son las que todavía tengo hoy, pero eso no significa que mi vida esté definida por esas luchas. Solo significa que aparecen debido a mi historia, mis inclinaciones y mi personalidad.

Todo aquello con lo que siempre he luchado sigue siendo con lo que lucho hoy. Sin embargo, con el tiempo su poder sobre mí se ha debilitado. Tenemos autoridad y poder espiritual en nuestra vida. Pero también tenemos un Dios bondadoso y compasivo que nos guía junto a aguas tranquilas y cuyas misericordias se renuevan sin cesar.

Hoy mi esperanza es que sepas que eres más que vencedora gracias a Jesucristo, y que tienes poder sobre tus pensamientos. Aférrate a eso. Sin embargo, también tienes un Dios muy compasivo que llora contigo y te pide que hagas lo mismo. Hoy todavía estás en la guerra, todavía estás en el barro. Así que, en última instancia, espero que sientas la misericordia nueva cada mañana, sin importar las luchas. Dios te ama. Está contigo y a tu favor. Y te está ayudando.

MEDITA:
Por la misericordia del Señor no hemos sido consumidos; ¡nunca su misericordia se ha agotado! ¡Grande es su fidelidad, y cada mañana se renueva!
(Lamentaciones 3:22-23).

RECONFIGURA LA ESPIRAL:
La misericordia de Dios se renueva para mí cada mañana.

Jesús: gracias por tu constante misericordia. Gracias por guiarme junto a aguas tranquilas y restaurar mi alma. Sigue llevándome a ti una y otra vez. Amén.

EMOCIÓN
Enojo

CONSECUENCIA
Sirvo al prójimo
desinteresadamente

PENSAMIENTO
Soy mejor que los demás

RELACIONES
Generoso y alegre

CONDUCTA
Autopromoción
y autoprotección

CONDUCTA
Aliento y protejo a los demás

RELACIONES
Exhausta y descuidada

PENSAMIENTO
Cuanto más elija a Dios y
a los demás por sobre mí
misma, más gozosa estaré.

Escojo servir a Dios y a los
demás por sobre mí mismo →

CONSECUENCIA
Sentirme desconocida
y no amada

EMOCIÓN
Enojo

DE LA
ARROGANCIA
A LA
HUMILDAD

EL ARMA DE LA HUMILDAD

A TODAS NOS GUSTA RECIBIR UN PEQUEÑO IMPULSO en nuestra autoestima de vez en cuando. Sin embargo, por mucho que anhelemos la afirmación, ¿es nuestra propia autoestima una guía válida para navegar por la vida? Nuestros pensamientos inestables nos dicen que *no tanto*.

Con frecuencia, en nuestra búsqueda de confianza o autoestima, comparamos y contrastamos, justificamos y juzgamos y pasamos una cantidad ridícula de tiempo contemplando nuestra identidad y lugar en este mundo. Por eso el apóstol Pablo nos advirtió que no nos consideremos a nosotros mismos más de lo que debemos, sino que en cambio honremos a los demás (Romanos 12:3, 10).

Pero vivir de esta manera requiere que interrumpamos deliberada y repetidamente la trayectoria natural de nuestros pensamientos. Necesitamos un arma poderosa para cambiar de patrones de pensamiento dañinos, y lo que nos desvía de quedarnos atrapadas dentro de nosotras mismas es la *humildad*.

Uno de los enemigos desenfrenados de nuestra mente en esta generación es la visión inflada del propio ser que se nos ofrece por todas partes en las redes sociales, en los programas y películas que vemos, e incluso en los libros de autoayuda que leemos. Se nos alimenta un mensaje continuo de cuánto importamos y cuán importantes somos, y creemos cada palabra del engañador. Y, gracias a la tecnología, vivimos en un mundo donde todos podemos ser un poco importantes. Todas podemos tomar un micrófono. Todas podemos iniciar un canal de YouTube o ser conocidas en Instagram. La autoimportancia se nos cuela, porque es fácil inflar el ego en estos días. Todo el día podemos sentirnos importantes, incluso si es para una audiencia pequeña. El enemigo nos tiende la tentación de la autoimportancia justo delante de nuestras narices, cada minuto de cada día. Así que, por el bien de nuestra propia mente, tenemos que identificar esa tentación y averiguar cómo combatirla.

Tenemos que hacer una elección diferente.

Entonces, cuando el enemigo te invite a probar el fruto de la autoimportancia, puedes elegir en cambio tomar tu cruz y seguir a Jesús, sabiendo que tu identidad está anclada solo en Él. La mentira es esta: "Si solo pudiera sentirme mejor conmigo mismo o ser más importante, sería feliz". La verdad, en cambio, es: "Cuanto más elija a Dios y a los demás por encima de mí misma, más feliz seré".

La verdad es que encontrar significado en nosotros mismos nunca se siente tan bien como pensamos que se sentirá.

MEDITA:

Por la gracia que me es dada, digo a cada uno de ustedes que no tengan más alto concepto de sí que el que debe tener (...) Amémonos unos a otros con amor fraternal; respetemos y mostremos deferencia hacia los demás **(Romanos 12:3, 10).**

RECONFIGURA LA ESPIRAL:

Puedo elegir la humildad en lugar de quedarme atrapada en mí misma.

Dios: con tu Espíritu, por favor, revela en mí cualquier lugar donde me esté enredando en mi ego. Ayúdame a reconocer la tendencia en y alrededor de mí, para que pueda elegir mirar hacia arriba y hacia afuera. Amén.

ELIGE COMO JESÚS

Imagina que reacciono injustamente con una amiga un día y luego me siento angustiada, culpable y enojada. Para sentirme mejor, reprimo esos sentimientos y simplemente sigo adelante. Más tarde me siento culpable nuevamente, pero en lugar de disculparme, comienzo a enumerar las razones por las que yo tenía razón y ella estaba equivocada. Un orgullo hinchado llena mis sentidos y me hace seguir justificando, defendiendo, abdicando de responsabilidades y negándome a ceder. Yo soy el centro de este pequeño escenario que ha roto el vínculo entre mi amiga y yo.

¿Notas alguna tendencia en esa secuencia?

Yo, yo, yo, yo, yo.

Cuando nuestros pensamientos están consumidos por nosotras mismas, olvidamos cuánto necesitamos a Jesús. Compramos la mentira del autoempoderamiento: "Tú puedes con esto". Olvidamos que estamos llamadas a tomar nuestra cruz y seguirlo, a compartir en sus sufrimientos, y a ser humildes, gentiles y amables.[27]

---

[27] Mateo 16:24; 1 Pedro 4:13; Efesios 4:1-3

La humildad. A veces se siente tan *difícil*, ¿sabes? No soy mejor que un niño pequeño que preferiría perder todas sus cosas favoritas antes que decir: "Lo siento. Estaba equivocado/a".

Entonces recuerdo a Jesús.

Inocente y acusado injustamente.

Aun así, completamente humilde de corazón.

Nuestro amigo el apóstol Pablo señaló a Jesús como nuestra guía para dejar de lado la grandeza. Él escribió: "Que haya en ustedes el mismo sentir que hubo en Cristo Jesús" (Filipenses 2:5).

¿Y cuál era ese sentir?

Se despojó de sí mismo tomando forma de siervo. Se humilló a sí mismo al hacerse obediente hasta la muerte. ¿Te suena tan convincente como a mí?

El sacrificio de Jesús no fue simplemente un acto amable de Jesús hacia la humanidad. También fue un ejemplo, es decir, un paso que *sus seguidores imitarían consistentemente*. Invitar a la muerte del egocentrismo. Sobrellevar la muerte de los sueños. Permitir la muerte del hiper consumismo. Ser los *menos impresionantes*, los *menos queridos*, los últimos.

Jesús se humilló a sí mismo para que también nosotras fuéramos impulsadas a vivir vidas de profunda humildad. Es decir, si así lo elegimos. Podemos tomar una mejor decisión que quedarnos atrapadas en nosotras mismas. Podemos decir hoy: "Elijo humildad como la de Cristo".

MEDITA:

…quien, siendo en forma de Dios, [Jesús] no estimó el ser igual a Dios como cosa a que aferrarse, sino que se despojó a sí mismo y tomó forma de siervo, y se hizo semejante a los hombres; y estando en la condición de hombre, se humilló a sí mismo y se hizo obediente hasta la muerte, y muerte de cruz

(Filipenses 2:6–8).

RECONFIGURA LA ESPIRAL:

Puedo elegir el ejemplo de Jesús de descender en lugar de ascender.

Jesús: por favor, muéstrame lo que significa vivir verdaderamente como Tú, en humildad revolucionaria. Cuando mis pensamientos se vuelvan egocéntricos, guíame para elegir un mejor camino. Amén.

DÍA
48

DESCANSA EN EL PODER DE DIOS

LA HUMILDAD ES COMPLETAMENTE OPUESTA a las formas de este mundo. Nuestros pensamientos acelerados apenas pueden comprender estar en reposo en lugar de competir por aprobación.

Sin embargo, curiosamente, no fuimos diseñados para ser el centro de nuestro propio mundo.

La autoimportancia puede interferir con lo que se conoce como "neuronas espejo" en nuestro cerebro, que nos ayudan a empatizar con los demás, reflejar sus emociones y reacciones, y conectarnos a un nivel visceral. Cuando estamos infladas de pensamientos sobre lo importantes que somos, nuestras neuronas espejo se ven afectadas. Es por eso que en nuestra espiral de autoimportancia, entender realmente otros puntos de vista parece casi imposible. En lugar de descansar y conectarnos, giramos y giramos.

El apóstol Pablo encarnaba la idea de estar en reposo, incluso cuando fue inculpado o despreciado. Mientras estaba encarcelado –probablemente en arresto domiciliario– preguntándose si sería ejecutado, declaró su deseo central de regocijarse, alabar a Dios y difundir las buenas nuevas dondequiera que estuviera. Pablo poseía un increíble desprecio por sus pérdidas y logros por igual. Ignoraba las cosas que el resto del mundo estima. Incluso, se ignoraba a sí mismo. No le importaba en absoluto lo que le sucediera, siempre y cuando pudiera conocer mejor a Jesús. De hecho, todas las ganancias mundanas y esas cosas que el resto de nosotros consideramos importantes, él las consideraba una pérdida en comparación con Cristo.

Encuentro estas ideas de Pablo asombrosas, especialmente en nuestros días. Si tuviera que nombrar la línea de pensamiento más destructiva en nuestra cultura del siglo veintiuno, sería nuestra búsqueda incesante de ser grandiosas. Dedicamos mucho esfuerzo tratando de ser distintas, exitosas, más inteligentes, más fuertes, más delgadas... ¡más grandes! Nos encanta ser grandes. ¡Es tan grandioso ser grandiosas!

Incluso los seguidores de Jesús quieren ser grandes, es decir, sentirse *realizados y exitosos*. Claro, podemos expresarlo en términos aceptables, como "hacer grandes cosas para el Reino" o "hacer famoso el nombre de Dios" pero, de alguna manera, nuestros pensamientos sutilmente se centran no en Él sino en nosotras mismas, en cómo podemos alcanzar nuestros objetivos, realizar nuestros sueños, ampliar nuestra influencia o posicionarnos para el éxito.

Pasamos mucho tiempo mirando a los demás, no para animarlos en su crecimiento sino para descubrir cómo nos comparamos. Nos convencemos de que Dios quiere que seamos asombrosas. Estamos completamente enfocadas en el empoderamiento personal, pero la alegría duradera solo vendrá cuando Dios esté en el centro. No cuando estás empoderada, sino cuando descanses en su poder.

MEDITA:

Pero todo lo que para mí era ganancia, lo he estimado como pérdida, por amor de Cristo **(Filipenses 3:7).**

RECONFIGURA LA ESPIRAL:

Dios es mejor que cualquier cosa que este mundo ofrece.

Dios: gracias porque no tengo que intentar alcanzar la grandeza por mí misma y puedo descansar en ti. Cuando me centre en los logros, ayúdame a ampliar mi mundo más allá de mí misma y buscar ver y hacer lo que Tú estás haciendo. Amén.

LA TRAMPA DE LA IMPORTANCIA PERSONAL

LA AUTOIMPORTANCIA NOS HACE SENTIR MUY BIEN. Y la espiral en la que nos lleva, fácilmente nos engaña haciéndonos creer que es lo mejor, mientras sutilmente nos obstruye la verdadera paz. Las espirales como el miedo y la ansiedad no nos hacen sentir tan bien. Pero la espiral de la autoimportancia es genial. Se siente maravilloso ser importante. Está arraigado en nuestros huesos el ansiarla, quererla, luchar por ella, vivir para ella. La perseguimos de diferentes maneras, pero en última instancia es el impulso de hacernos ver, de ser conocidas, amadas e importantes.

Ya sea a través de relaciones, riqueza, logros o fama, cosas que queremos ser o que nos decepciona no ser, buscamos ser importantes. Es una adicción (y una peligrosa). Si no lo notamos en nosotras mismas, en nuestros ministerios o en nuestra trayectoria siguiendo a Jesús, suceden algunas cosas sutiles.

Una de ellas es que empezamos a preocuparnos mucho por cómo nos ven los demás. Constantemente nos encontramos pensando en ello. Nos preguntamos si la gente nos quiere, nos tiene en cuenta, le gustan nuestras publicaciones o nos apoya. Nuestros ojos van de un lado a otro, observando lo que la gente está viendo sobre nosotras. Esta búsqueda es agotadora y drenante porque en gran medida los demás realmente no nos van a notar tanto. Y si lo hacen, van a tener una variedad de opiniones, sin importar cómo estemos viviendo. Simplemente no es posible ser amadas por todos, porque no está bajo nuestro control.

Lo realmente complicado es cuando empezamos a preocuparnos por si la gente piensa que somos humildes o no. Podemos parecer humildes y construir una historia que le diga al mundo que lo somos, cuando en realidad nuestra búsqueda de humildad está basada en la autoimportancia y el orgullo. ¡Uf! Entonces, ¿qué hacemos para romper ese ciclo vicioso?

El cambio que necesitamos no necesariamente tiene que ver con las decisiones que tomamos externamente en la vida. Se trata de la postura de nuestro corazón ante Dios. Cuando tu corazón está en el lugar correcto, no importa tanto lo que la gente piense de ti, incluso si piensan que eres humilde o no. Si estás bien con Dios, eso es lo importante. Y hay libertad en ello.

La humildad típicamente se parece mucho a una gran confianza personal. Porque la confianza, en aquellos individuos verdaderamente humildes, no viene de ellos mismos ni a través de la promoción de sus dones. Viene de una dependencia de Jesús y de la creencia de que todo en esta vida se trata de Él y que todo lo que hacemos, todo lo que decimos y todo lo que somos, es acerca de Él. Nada se trata de nosotras.

MEDITA:

No hagan nada por contienda o por vanagloria. Al contrario, háganlo con humildad y considerando cada uno a los demás como superiores a sí mismo **(Filipenses 2:3).**

RECONFIGURA LA ESPIRAL:

Elijo darle a Dios el crédito por el regalo de mi vida y por todo lo bueno en ella.

Dios: quiero la clase de confianza que viene de ti y no de una falsa humildad. Muéstrame la paz que proviene de elegir tu camino en lugar de buscar importancia para mí misma. Amén.

FUENTE DE LUZ

EL MENSAJE DEL MUNDO ES SIMPLE: *"Tú eres suficiente. Eres suficiente por ti misma"*. Pero ese mantra nos falla, ya sea porque, en el fondo, sabemos que no somos suficientes o porque nuestra autoestima nos infla hasta el punto en que avanzamos por la vida independientes de Dios y de los demás. Cualquiera que sea el resultado, nos deja solas y decepcionadas. La autoestima no es la respuesta.

Entonces, ¿por qué estamos trabajando tan duro para vivir, hacer una diferencia y ser grandes por nuestra cuenta?

La Escritura describe a Jesús como la luz que brilla en la oscuridad y se convierte en la luz de los hombres.[28] Cuando pienso en la luz, me doy cuenta de que cada luz que los humanos han construido requiere energía o alguna fuerza para encenderse. Linternas, luces de autos, lámparas: todas obtienen energía de alguna otra fuente que puede agotarse o extinguirse.

Entonces pienso en la luz que Dios crea. El fuego, el sol, las estrellas que arden con gran fuerza, toda la luz que Él crea no necesita

---

[28] Mira 1 Juan 1:4-5

de nada más para existir. No necesita ninguna otra fuente de energía. Simplemente es.

Cuando nos esforzamos tanto en marcar la diferencia, por ser suficientes y por ser importantes, es como si estuviéramos tratando de producir luz por nuestra cuenta. ¿Y sabes qué sucede cuando las personas intentan producir algo con su propia fuerza? Nos cansamos. Experimentamos un agotamiento de energía, al igual que cada luz creada por el hombre.

Por lo tanto, ¿qué tal si en lugar de intentar crear luz, simplemente la recibimos? Eso suena mucho más divertido para mí y mucho más fácil. Somos unas luces pésimas, porque fuimos creadas para disfrutar y reflejar la luz, no para producirla.

La visión de Dios para nuestras vidas es que recibamos su luz y luego la reflejemos hacia el mundo. En Mateo 5:14, Jesús dice: "Ustedes son la luz del mundo". La mayoría de las veces en el Nuevo Testamento se refiere a Jesús como siendo la Luz, pero cuando su Espíritu vive en nosotros, somos la luz del mundo. Recibimos quién es Jesús y luego lo damos.

El grado en que creas y abraces tu identidad como hijo de Dios lleno de su Espíritu, será el grado en que su luz brillará a través de ti. Tú eres de Dios y Él es tuyo. Él está en ti, a través de ti y contigo. Esa es tu identidad. Y cuando elijas abrazarla, todo cambiará.

Si abrazaras tu verdadera identidad, no solo podrías descansar de esforzarte por hacer cosas imposibles; podrías sentarte maravillado de esta Luz intensa, loca, impresionante e incontenible que es completamente accesible para ti. Con Jesús como tu fuente de luz, puedes dejar de girar y simplemente reflejar la que Él te da.

MEDITA:

La luz resplandece en las tinieblas, y las tinieblas no prevalecieron contra ella **(Juan 1:5).**

RECONFIGURA LA ESPIRAL:

Puedo descansar de mi esfuerzo y Dios puede seguir moviéndose a través de mí.

Dios: quiero conocer qué es disfrutar y reflejar tu luz, en lugar de esforzarme tanto por crear la mía. Por favor, brilla en y a través de mí hoy. Amén.

EL LADO POSITIVO DE LA HUMILDAD

CUANDO NOS DAMOS CUENTA DE QUE HEMOS CREÍDO EN LA MENTIRA de nuestra propia grandeza y hacemos el cambio para elegir la humildad, entonces podemos seguir el ejemplo de Jesús, quien fue una expresión viviente y hablante de humildad ante su Padre Dios. Cuando hacemos lo mismo, colocamos a Dios en su lugar correcto. Reemplazamos la mentira de nuestra grandeza con la verdad de quién es Dios y cuán necesitadas estamos de Él. La humildad se convierte en la única postura lógica de nuestro corazón.

Sin embargo, a veces la humildad no nos hace sentir tan bien. Por un lado, la humildad nos anima a dejar de ser asombrosas. ¡Y yo quiero ser asombrosa! Pero la dura verdad es que no siempre lo soy. Voy a cometer errores. Voy a ser egoísta y a veces desconsiderada y tajante. Voy a decepcionar a la gente. No es que esté excusando ese comportamiento: no voy a *querer* hacer todo eso, pero sucederá. ¿Cómo lo sé? Porque simplemente no soy tan genial. Antes de que te apresures a defenderme, **creo que este entendimiento es el objetivo: preocuparme poco por lo que los demás piensan de mí, o**

incluso lo que yo pienso de mí misma. Porque la necesidad de ser genial no es algo positivo; es un peso y una presión imposible que nos ponemos a nosotras mismas, uno al que nunca podemos llegar. La humildad nos permite liberarnos de ese peso de esforzarnos por ser espectaculares y simplemente ser lo que fuimos creadas para ser. ¿No suena liberador?

Sé que hoy en día está muy de moda hablar sobre lo increíble que es cada persona, lo *especial* y *talentosa* y *suficiente* que es cada una. Pero tengo que decirte que no encuentro estas ideas en las Escrituras. Encontramos nuestra "suficiencia" solo en Cristo. Si algo la Palabra de Dios nos dice, es que cuando somos débiles en realidad es algo bueno, porque el poder de Cristo se hace más evidente en nuestra debilidad.

Me parece que esta es una noticia *fantástica*.

Escucha, hay una razón por la que nos agotamos con estas actitudes. Hay una razón por la que compramos cosas etiquetadas como "anti envejecimiento". Hay una razón por la cual conducimos un auto más caro del que podemos pagar. Hay una razón por la que miramos las etiquetas.

Todos queremos ser impresionantes, aunque Cristo es el único impresionante.

Esta es una de las más liberadoras y raramente abrazadas verdades nacidas de seguir a Cristo: debido al sacrificio de Jesús, adquirimos su grandeza como parte del trato. Obtenemos perdón. Obtenemos descanso. Obtenemos gracia para nuestra alma.

La humildad nos recuerda esta verdad. Dice: "Relájate. Tu única esperanza está en Jesús". Esta buena noticia nos otorga el alivio que todas estamos deseando.

MEDITA:

…porque, cuando soy débil, entonces soy fuerte **(2 Corintios 12:10, NVI).**

RECONFIGURA LA ESPIRAL:

No necesito ser impresionante, porque Jesús lo es.

Dios: es un alivio no tener que intentar impresionarte. Tu grandeza es suficiente para mí. Por favor, ayúdame a elegir soltar, recibir y relajarme en ti hoy. Amén.

NADA QUE DEMOSTRAR

De vez en cuando, me encuentro con alguien que tiene el alma llena de Dios. Su alma está tan contenta, que Jesús simplemente rebosa desde él. ¿Conoces gente así? Es tan refrescante, tan hermoso. Personas como esas no son necesitadas; no están tratando de demostrar que son importantes. No están tratando de estar a la altura. No están intentando llamar la atención o mendigar afecto. No juzgan a los demás porque son conscientes de su propio pecado. Han elegido la humildad y ella los ha liberado.

Mi abuela vivía de esta manera. Se sentía cómoda en su piel y también hacía sentir a los demás a gusto. Se menospreciaba a sí misma y era profundamente consciente de sus propias deficiencias. Como sus nietos, hicimos muchas cosas a lo largo de los años que deberían haberla decepcionado. Debería habernos juzgado y habernos dicho lo fuera de lugar que estábamos. Pero siempre dejó a Dios ese papel y nos acercaba a ella aún más.

Ella conocía la gracia y la prodigaba a los demás. Todo estaba arraigado en su comprensión de la increíble gracia que salvó a una pecadora como ella. La fe y el evangelio eran simples y reales para ella. No necesitaba hablar elocuentemente sobre puntos teológicos; simplemente elegía amar, nunca hablar mal, creer lo mejor de los demás y dejar que Dios sea Dios. No había necesidad de tratar de ser un dios cuando Él era más que suficiente en su trabajo.

Algo sobre su identidad de base era completamente diferente a la mayoría del mundo. No estaba tratando de impresionar a nadie. Tampoco estaba definida o esclavizada por su pecado. Ella fue perdonada y liberada y su vida lo demostraba. Tenía el tipo de humildad que da vida y paz. Alimentada por la gracia de Dios.

La gracia da más gracia.

¿Qué tipo de persona eres tú?

¿Eres impactante? O estás quebrantada. O perdonada.

Los evangelios nos cuentan la historia de Jesús lavando los pies de sus discípulos. Cuando Dios, el dueño del universo, se humilló. Cuando el Maestro se convirtió en siervo. Su identidad respaldaba su humildad. Jesús era el Hijo del Dios Todopoderoso; estaba seguro en ese hecho. Por lo tanto, no había nada por lo que estuviera luchando. No tenía nada que demostrar en esa sociedad o a esos hombres.

Cuando no tienes nada que proteger y nada que demostrar, Dios se mueve a través de ti. Cuando no tienes nada que proteger y nada que probar, conoces la libertad. Esa es la fuerza de la humildad.

MEDITA:
Luego [Jesús] puso agua en un recipiente y comenzó a lavar los pies de los discípulos, para luego secárselos con la toalla que llevaba en la cintura
(Juan 13:5).

RECONFIGURA LA ESPIRAL:
No tengo nada que demostrar.

Dios: mi alma anhela la simple satisfacción y libertad que provienen de dejar de lado mi interés propio. Ayúdame a elegir la humildad como un modo de vida, rodeada de tu gracia. Amén.

UN PLACER IMPROBABLE

Este es el asunto: creo en la Biblia. Quiero vivir lo que ella dice. Cuando me dice que viva como Jesús y que me humille, quiero hacerlo. De veras. Pero a pesar de estas nobles intenciones, la verdad es que no puedo hacer aparecer la humildad de la nada. La práctica de la humildad está indisolublemente conectada con la práctica de la quietud y la búsqueda de Dios. No podemos llegar a ser más como Él sin que Él mismo se nos imparta. La humildad solo viene cuando elegimos estar con Él y depender de Él en lugar de creer la mentira de que somos suficientes.

Mi diccionario bíblico favorito define la humildad de esta manera: "Una condición de sumisión o aflicción en la que uno experimenta pérdida de poder y prestigio". Luego aclara la definición: "Fuera de la fe bíblica, la humildad en este sentido normalmente no se consideraría una virtud. Sin embargo, dentro del contexto de la tradición judeocristiana, se considera la actitud adecuada de los seres humanos hacia su Creador. La humildad es una conciencia agradecida y espontánea de que la vida es un regalo, y se manifiesta como un reconocimiento sin envidia y sin hipocresía de la dependencia absoluta de Dios".[29]

Fuera de la fe bíblica, la humildad sería una locura. ¿Quién quiere *menos* poder o menos prestigio? Pero dentro de la fe, esta clase de dependencia total de Dios es el objetivo.

Si Dios me creó y me ama, ¿por qué querría robarle algo de su gloria? Yo no puedo robarle la gloria, porque ¿quién podría hacerlo? Y además ¿por qué siquiera querría intentarlo?

La verdad es que nuestros corazones no buscan realmente poder; buscan el gozo. Y la decepción en la que caemos es que de alguna manera el gozo vendrá cuando tengamos poder. Pero en realidad viene cuando dejamos de lado el poder humano y descansamos en el de Dios.

Mi oración por mí misma —y también por ti— es que seamos totalmente dependientes de Dios, incluso cuando tropezamos y nos levantamos de nuevo. Que lo busquemos y lo encontremos, que aprendamos de Él y nos apoyemos en Él, que estemos en este mundo como Jesús mismo estuvo. Que aceptemos cada invitación a la humildad, valorando las necesidades de los demás por encima de las nuestras. Que no despreciemos aquello que nos madurará, recordándonos que nos inclinemos más y más bajo todavía. De hecho, que acojamos e incluso nos complazcamos en lo que nos humilla, porque conocemos la libertad que trae. Aunque sea un objetivo elevado, esta dependencia total de Dios es una forma liberadora de pensar acerca de nuestras circunstancias y de las personas que nos rodean, y es una elección muy hermosa.

---

[29] Tyndale Bible Dictionary, s.v. "humility," ed. Walter A. Elwell and Philip W. Comfort (Wheaton, IL: Tyndale, 2001), p. 618.

MEDITA:

Por lo tanto, muestren humildad bajo la poderosa mano de Dios, para que él los exalte a su debido tiempo
(1 Pedro 5:6).

RECONFIGURA LA ESPIRAL:

Elijo la suficiencia de Dios por sobre mi propio poder.

Padre: elijo buscarte y estar contigo. Enséñale a mi corazón a inclinarse bajo tu gloria. Amén.

COSAS BUENAS DENTRO

¡Me encanta recibir paquetes de Amazon! Siempre hay una pequeña emoción navideña cuando abro la bolsa, incluso si son bombillas
o algo común y corriente.

Estaba escuchando a mi amigo Earle predicar, y señaló que,
como seguidores de Cristo, somos como la bolsa de Amazon. La
que tiene la pestaña para tirar. Contenemos lo bueno, pero nada
más somos la bolsa, no somos el evento principal. Nadie va a la
puerta pensando: "¡Dios mío, mira este paquete que acaba de llegar
a mi casa! Qué bolsa de papel tan preciosa". Uno va por el contenido. Y el contenido de nuestra vida debería ser la mente de Cristo.
Eso significa la mente de Alguien que está dispuesto a sacrificar
su vida, dispuesto a ser vaciado, dispuesto a ser humillado hasta el
punto de ser avergonzado o malinterpretado o incluso, en el caso
de Cristo, llevado a la muerte. El contenido de nuestra vida debería
ser el fruto de Cristo porque tenemos la mente de Cristo. Eso es lo
que debería ser conocido en nosotros.

¿Por qué deberíamos estar motivados a vivir de esta manera? Suena lamentable por fuera. Sin embargo, en realidad es la forma más libre de vivir. Cuando no nos importa tanto nuestra propia importancia, somos libres para disfrutar y animar a los demás. Esa es la postura que puedes experimentar con humildad. Puedes saber: "No hago esto para impresionar. No lo hago para exhibir. Estoy en esto para la gloria de Dios. Estoy en esto por amor".

Lo otro que viene con la humildad, es que se revela la grandeza de Dios a través de nuestra vida. Como dice la Escritura: ante el nombre de Jesús, toda rodilla se doblará. Entonces, el objetivo final de la humildad es que la gente vea a Dios —Dios en nosotras— y vea su gloria debido a nuestra obediencia. Todo el esfuerzo y la buena actitud del mundo no va a robar ni una onza a la gloria de Dios. Pero lo que sí puede quitarle la gloria a Dios en nuestra vida es el orgullo y eso es un estado del corazón. No es un estado de tus acciones, de tus palabras o de las opiniones de la gente sobre ti. Es un estado de tu mente y tus pensamientos. Honestamente, solo tú y Dios pueden resolver esto juntos.

Por eso, hazte estas preguntas: "En esta situación, ¿me preocupa más lo que la gente piensa de mí que lo que piensa Dios?". Pregúntatelo de manera regular y, con la misma frecuencia, recuerda elegir el mejor camino. Elige ser el paquete que lleva las cosas buenas a la gente, el contenido de la mente de Cristo.

MEDITA:

…para que en el nombre de Jesús se doble toda rodilla de los que están en los cielos, y en la tierra, y debajo de la tierra; y toda lengua confiese que Jesucristo es el Señor, para gloria de Dios el Padre **(Filipenses 2:10–11).**

RECONFIGURA LA ESPIRAL:

Puedo quitarme la presión cuando elijo complacer a Dios en lugar de complacer a la gente.

Dios: gracias por ofrecerme un camino mejor que siempre intentar causar una buena impresión. Por favor, haz que hoy tu bondad sea visible a través de mí. Amén.

ENTREGANDO NUESTRA VIDA

Nuestros corazones en realidad no buscan poder o importancia; van tras el gozo. Fuimos creados para eso y es lo que anhelamos
en el fondo. El engaño que creemos, de alguna manera, es que la
alegría vendrá si somos reconocidos, si obtenemos poder o si llegamos a ser famosos o importantes. Pero lo que dice la Escritura
es que el gozo viene cuando entregamos nuestra vida. Como ves, es
todo lo opuesto. La alegría solo viene cuando dejamos todo lo que
pensamos que importa en la tierra. Cuando entregamos nuestros
nombres, cuando entregamos el ser entendidos, cuando incluso dejamos nuestra propia vida, viene la alegría y la libertad. Y eso es una
realidad sobrenatural, una que no entenderás completamente hasta
que la hayas probado.

Cuando la has probado, sin embargo, sucede algo curioso. Una
sensación de pérdida te envuelve como una ola: "Oh, acabo de
renunciar a algo en la tierra". Pero cuando la ola retrocede, encuentras algo nuevo: "Estoy bien. Sí, alguien me malinterpretó. No
soy importante para ellos y eso me duele, pero estoy bien porque

soy amada y conocida por Dios, y mi esperanza está segura". Esa es la alegría de negarse a uno mismo. La libertad llega cuando no somos el centro de nuestra propia mente o de nuestra vida.

La forma más directa de llegar a este lugar, de olvidarse del yo, es salir y servir a los demás. Amar al prójimo en acción; poner sus necesidades antes que las nuestras. No podemos sentarnos aquí y simplemente *desear* ser desinteresadas. El gozo viene cuando servimos a los demás, cuando realmente nos levantamos de nuestra silla y limpiamos la mesa. Cuando amamos y recibimos a nuestros vecinos. Cuando vamos al hogar de ancianos y visitamos y conocemos a las personas. Cuando pensamos en otros, más que en nosotros mismos. Cuando hacemos eso, nos obsesionamos más con lo que Dios está haciendo en la vida de los demás, que con lo que no está haciendo en las nuestras. Nos damos cuenta de que amar al prójimo es mucho mejor que amarnos a nosotros mismos, y como consecuencia de eso, recibimos mucha libertad y alegría.

Así que hoy quiero que hagas algo loco. Ama a alguien a quien normalmente no amarías. Decidan juntas con algunas amigas, amar a las personas. Llévenle comida a una familia, salgan a tomar café e inviten a alguien, corten el césped del vecino, simplemente amen a la gente de una manera radical. Esto es increíblemente divertido, porque hay un millón de formas diferentes de amar a tu prójimo. Así que haz algo por alguien hoy y observa cómo tu mente cambia de estar absorto en ti mismo a amar a otras personas. Te lo aseguro: ahí está la libertad.

MEDITA:

En esto hemos conocido el amor: en que Él dio su vida por nosotros. Así también nosotros debemos dar nuestra vida por los hermanos **(1 Juan 3:16).**

RECONFIGURA LA ESPIRAL:

Puedo experimentar la alegría de olvidarme de mí mismo cuando sirvo a los demás.

Jesús: gracias por las personas que has puesto en mi camino. Por favor, llévame hoy a quienes deba ayudar y déjame sentir tu amor por ellos. Gracias por hacerme parte de un plan mucho más grande que yo. Amén.

RECUERDA QUIÉN ERES

NUESTRA MENTE DA VUELTAS Y VUELTAS EN LA ESPIRAL, a menudo aferrándose a mentiras en la búsqueda de estabilidad. Los mensajes se entremezclan y parece como si no pudiéramos volver a poner los pies en la simple verdad de lo que significa amar a Jesús, y lo que significa ser amadas por Él.

Si necesitas que te recuerde quién dice Jesús que eres, ¿puedo tomar tu mano y recordarte lo que Él dice acerca de quién es y por lo tanto quién eres tú?

"YO SOY EL QUE SOY".[30] "Yo soy ... el principio y el fin, el primero y el último".[31] Soy luz; en mí no hay tiniebla alguna.[32] "Con mi propia mano establecí la tierra; con la palma de mi mano derecha medí los cielos y, cuando los llamé, juntos se presentaron ante mí".[33]

---

[30] Éxodo 3:14

[31] Apocalipsis 22:13

[32] Ver 1 Juan 1:5

[33] Isaías 48:13

"Antes de que yo te formara en el vientre, te conocí".[34] "Yo los elegí a ustedes, y los he puesto para que vayan y lleven fruto, y su fruto permanezca; para que todo lo que pidan al Padre en mi nombre, él se los conceda".[35] "Soy el que borra tus rebeliones, y no recordaré tus pecados".[36] A todos los que me reciben, que creen en mi nombre, les doy el derecho de ser hijos de Dios.[37] "¿No saben que ustedes son templo de Dios, y que el Espíritu de Dios habita en ustedes?".[38] Mi Espíritu está dentro de ti.[39] No te dejaré.[40] Te equiparé para toda buena obra.[41] No te di un espíritu de temor, sino de poder, amor y dominio propio.[42] Edificaré mi iglesia a través de ti, y las puertas del infierno no prevalecerán contra ella.[43] Te consolaré mientras esperas.[44] Te recordaré que todo esto es real.[45] Vengo pronto.[46] Mi amor eterno perdura para siempre.[47] Dentro de muy poco tiempo volveré.[48] Te llevaré al lugar donde estoy.[49] Heredarás la tierra.[50] Estarás conmigo. Secaré toda lágrima de tus ojos, y la muerte no existirá más. "Mira, yo hago nuevas

---

[34] Jeremías 1:5

[35] Juan 15:16

[36] Ver Isaías 43:25

[37] Ver Juan 1:12

[38] 1 Corintios 3:16

[39] Ver Ezequiel 36:27

[40] Ver Deuteronomio 31:8

[41] Ver Hebreos 13:21

[42] Ver 2 Timoteo 1:7

[43] Ver Mateo 16:18

[44] Ve Isaías 66:13

[45] Ver Juan 14:26

[46] Ver Apocalipsis 3:11

[47] Ver Salmos 138:8

[48] Ver Hebreos 10:37

[49] Ver Juan 14:3

[50] Ver Salmos 25:13

todas las cosas".[51] Mi reino está llegando. Mi voluntad será hecha en la tierra como en el cielo.[52]

Todas estas cosas son verdaderas para ti y para cualquiera que ame y siga a Jesús. Esto es lo que somos por ser de quién somos. Y nuestro Dios no cambia y siempre cumple sus promesas.

MEDITA:
Pero a todos los que la recibieron, a los que creen en su nombre, les dio la potestad de ser hechos hijos de Dios **(Juan 1:12).**

RECONFIGURA LA ESPIRAL:
Mi identidad está segura en Dios. *Dios: al empezar este día, recuérdame quién eres Tú y quién soy yo por causa de ti. Permíteme descansar en eso. Amén.*

---

[51] Ver Apocalipsis 21:3-5
[52] Ver Mateo 6:10

EMOCIÓN
Autocompasión

CONSECUENCIA
Alegre

PENSAMIENTO
Soy víctima de mis
circunstancias

RELACIONES
Perdonador

CONDUCTA
Quejas

CONDUCTA
Agradecida

RELACIONES
Acusador

PENSAMIENTO
Mis circunstancias son
una oportunidad para
experimentar a Dios

Elijo ser agradecido sin importar
lo que la vida me presente ⟶

CONSECUENCIA
Constantemente infeliz

EMOCIÓN
Autocompasión

DE LA
VICTIMIZACIÓN
A LA
GRATITUD

EL CONTRASTE

SI HAY ALGO QUE ME IMPRESIONA DEL APÓSTOL PABLO, es que era agradecido, muy agradecido. A pesar de todas las situaciones de locura por las que pasó, estaba agradecido por sus compañeros creyentes, por la diligencia de sus colaboradores y por el lugar donde se encontraba, aunque fuera en una fría y oscura celda de prisión. El hombre cuidaba su mente.

No puedo evitar quedar impactada por el contraste entre la mente de Pablo y la mía en algunos días.

Él había sido encarcelado por predicar el evangelio y, sin embargo, a pesar de ese trato injusto, consideraba apropiado dar gracias. Consideraba apropiado seguir orando, seguir ministrando, seguir luchando junto a sus compañeros creyentes por los corazones de mujeres y hombres.

¿Qué es lo que con tanta frecuencia consideramos apropiado hacer nosotros? Si somos honestos: *quejarnos*.

Pero podemos cambiar nuestra forma de pensar. Podemos ver la vida de una manera nueva. Si estamos quejándonos de nuestro trabajo, por ejemplo, podemos cambiar la forma en que vemos la situación. Podemos mirar a nuestros compañeros o compañeras de trabajo con nuevos ojos, forjar relaciones reales con ellos y estar atentos a las formas de cuidarlos y servirles. Podemos interactuar de manera diferente con las personas que encontramos, no viéndolas como extraños, sino como gente real con historias reales que podrían necesitar una gracia real. Podemos usar nuestro tiempo de camino al trabajo para orar.

Una amiga mía odiaba su trabajo, pero después de probar estas nuevas prácticas durante un mes, me dijo que ya no lo despreciaba. De hecho, lo amaba. En lugar de obsesionarse con la injusticia de su situación y amargarse porque creía que merecía algo mejor, comenzó a ver su trabajo poco satisfactorio como una oportunidad para avanzar en el reino. Dios la había colocado en un lugar estratégico para amar a los demás y ahora estaba emocionada de ser parte de su plan. En lugar de buscar cosas de qué quejarse, ahora mi amiga buscaba razones para dar gracias. Ella no lo sabía en ese momento, pero se estaba haciendo un gran favor al elegir la gratitud. Estaba permitiendo que Dios la remodelara en cuerpo y mente.

Eso es lo que la gratitud hace por nosotras. Nos saca de la mentira: "Soy víctima de mis circunstancias". La verdad es: "Mis circunstancias me brindan oportunidades para experimentar la bondad de Dios". Puedes elegir ser agradecida, y, al igual que Pablo y mi amiga, puedes revertir la espiral de la victimización hacia algo maravilloso.

MEDITA:

Doy gracias a mi Dios cada vez que me acuerdo de ustedes. En todas mis oraciones siempre ruego con gozo por todos ustedes, por su comunión en el evangelio, desde el primer día hasta ahora **(Filipenses 1:3-5).**

RECONFIGURA LA ESPIRAL:

Cuando elijo la gratitud, detengo la espiral negativa de la victimización.

Dios: quiero probar una nueva forma de pensar. Por favor, remodélame y ayúdame a elevarme más allá de mis circunstancias hoy. Amén.

TU CEREBRO EN LA GRATITUD

LA VICTIMIZACIÓN ES UNO DE LOS ENEMIGOS MÁS PARALIZANTES de nuestra mente. Nos mantiene obsesionadas con algo que no es el Dios del universo y nos convence de la mentira de que estamos a merced de nuestras circunstancias.

Pero tenemos una alternativa. Podemos centrar nuestros pensamientos en la certeza de que, pase lo que pase, somos sostenidos de manera segura por la diestra justa de Dios.

Y eso cambiará nuestros pensamientos hacia la gratitud.

Las investigaciones nos muestran que la gratitud tiene un efecto revitalizante en la parte de nuestro cerebro que controla funciones corporales como comer, beber, dormir, etc.[53] Así que hacer algo tan sencillo como decir "gracias" requiere de un ajuste en tu mundo interior.

---

[53] Alex Korb, "The Grateful Brain: The Neuroscience of Giving Thanks" [El cerebro agradecido: La neurociencia de la gratitud], *Psychology Today*, 20 de noviembre de 2012, www.psychologytoday.com/us/blog/prefrontal-nudity/201211/the-grateful-brain.

Además, expresar gratitud causa un aumento en la dopamina, el neurotransmisor de recompensa que hace feliz al cerebro. En los estudios, cada vez que un sujeto expresaba gratitud, el cerebro básicamente decía: "¡Oh! ¡Hazlo de nuevo!". Sentir gratitud llevaba a sentir más gratitud, lo que llevaba a sentir más y más gratitud todavía.[54] Es una espiral positiva.

Entonces, ¿qué sucede cuando conviertes la gratitud en una práctica?

1. **Tus relaciones se vuelven más saludables**. Algo tan simple como decirle "gracias" a alguien, hace que ese individuo sea más propenso a buscar amistad contigo.

2. **Tu cuerpo se vuelve más saludable.** La gente agradecida hace más ejercicio, toma decisiones más acertadas sobre su salud y reporta tener menos dolores y molestias.

3. **Tu mente está más saludable.** La gratitud reduce emociones tóxicas como la envidia, la frustración y el remordimiento.

4. **Te vuelves más agradable.** Un estudio descubrió que "quienes son agradecidos son más propensos a comportarse de manera prosocial", lo cual creo que es una forma agradable de decir: "Una persona agradecida es menos probable que sea antipática".

5. **El sueño se torna más estable,** lo cual es una razón suficiente para que tú y yo estemos agradecidas.

6. **Te vuelves más segura.** La gratitud nos permite celebrar genuinamente los logros de los demás en lugar de desear haber sido nosotros los que tuvimos éxito.

7. **Tu fortaleza mental mejora,** ayudándote a reducir el estrés, superar el trauma y aumentar la resiliencia incluso en tiempos difíciles.

---

[54] Korb "The Grateful…"

La gratitud es buena para nosotras, Dios nos diseñó de esa manera. Con todo lo que nos da, no es de extrañar que sea parte de su prescripción para una mente más libre.

MEDITA:
¡Alabemos al Señor, porque él es bueno, porque su misericordia permanece para siempre! **(Salmos 106:1).**

RECONFIGURA LA ESPIRAL:
Puedo crear una espiral positiva con la gratitud.

Dios: gracias por hacer que la alabanza y la gratitud se sientan tan bien. Ayúdame a elegir la gratitud hoy. Inunda mi mente y mi cuerpo con tu regalo de gratitud. Amén.

ELIGE LA GRATITUD

¿ALGUNA VEZ TE HAS PREGUNTADO por qué otros parecen más felices que tú, incluso si están pasando por circunstancias más difíciles? Tal vez has visitado a cristianos en países en desarrollo pensando que estabas allí para ministrarles en su necesidad, solo para darte cuenta a través de su alegría y despreocupación que eras *tú* la necesitada. Sí, a mí también me ha pasado.

Cuando Pablo escribió su carta a los filipenses, la mayor exposición escrita sobre el gozo, él estaba encadenado bajo arresto domiciliario. Pablo entendía algo que nosotros en nuestro capullo de comodidad en Occidente rara vez comprendemos. Él entendía que, porque hemos sido hechos nuevas criaturas, tenemos el poder del Espíritu y la libertad de elegir. Cambiar nuestra mente *es posible*. No tenemos que perder el control cayendo en espirales negativas, porque sabemos que nuestra felicidad está anclada en algo más grande que cualquier cosa que podamos ver aquí y ahora.

Esto nos lleva a una segunda pregunta: ¿En qué estás buscando la felicidad? Ya sea en opioides o en elogios de la gente, lo que sea que te haga experimentar fuertes emociones de felicidad o decepción, es probablemente aquello por lo que vives. Y es muy posible que eso esté arruinando tu vida.

Si todo lo que Pablo veía eran sus circunstancias y su incapacidad para poner fin a su encarcelamiento, seguramente habría estado desesperado. Pero sus circunstancias no dictaban sus pensamientos. Era su amor por Jesús y su confianza en un Dios bueno, amoroso y que está en control, lo que consumía sus pensamientos y le daba propósito. Y el mismo Espíritu que capacitó a Pablo para confiar en las circunstancias más difíciles –el mismo poder, por cierto, que resucitó a Cristo de entre los muertos– está completamente accesible para ti y para mí ahora mismo.

A medida que efectuamos el cambio de líneas de pensamiento debilitantes a pensamientos provechosos, que honran a Dios y son sabios, podemos elegir ser *agradecidas*. Dios se aseguró de incluir un claro llamado a la gratitud en la Escritura porque sabe que solo cuando estemos arraigadas en el suelo de la gratitud aprenderemos, creceremos y prosperaremos. Así que podemos ser hijas que de manera consistente y sincera den gracias, sin importar nuestro pasado de heridas o las circunstancias que enfrentamos en la actualidad. Podemos decir: "Elijo ser agradecida".

MEDITA:
Estén siempre gozosos. Oren sin cesar. Den gracias a Dios en todo, porque ésta es su voluntad para ustedes en Cristo Jesús **(1 Tesalonicenses 5:16-18).**

RECONFIGURA LA ESPIRAL:
Por causa de Jesús, puedo elegir ver lo bueno a mi alrededor a pesar de mis circunstancias.

Dios: gracias porque, sin importar lo que esté sucediendo en mi vida hoy, puedo tomar la decisión de renovar mi mente y abrazar la gratitud. Permite que ella fluya de mí sin importar mis circunstancias. Amen.

SOBREVIVIENTES

ALGUNAS DE LAS PERSONAS QUE MÁS APRECIO son aquellas que más han sufrido. Mi amiga Julie parece tener más gozo que casi todos los que conozco y, sin embargo, también ha sufrido problemas de salud y circunstancias difíciles más que cualquier otra

Esta es la verdad: podemos ver nuestro sufrimiento sin ser dominadas por él. Podemos verlo sin convertirnos en sus esclavos.

Eso no significa que no debamos luchar contra el sufrimiento en el mundo. De hecho, la Escritura nos *ordena* pelear,[55] pero en Cristo podemos hacerlo no desde un lugar de inseguridad e indignación, sino desde uno de reconciliación, de confianza serena y de paz. ¿Por qué? Porque nuestra victoria es segura. Ya hemos vencido.

Vivimos en una época en la que las verdaderas injusticias están siendo nombradas, sacadas a la luz y, en ocasiones, superadas y corregidas. Me encanta esto. A Dios también le encanta. Luchar contra el racismo, pronunciarse en contra del abuso sexual y físico –dentro y fuera de la iglesia–, abogar por el bienestar de los

---

[55] Miqueas 6:8; Lucas 18:7; Proverbios 31:9.

vulnerables: estas causas son de suma importancia para Jesús y también deben serlo para nosotras.

Hay opresores reales por ahí. Sin embargo, hay mucho que podemos hacer. Podemos ayudar a las "víctimas" a liberarse de una vez por todas. Cada vez más escuchamos el término *sobrevivientes* en lugar de *víctimas* y este es un cambio importante. Definirnos por las acciones indebidas de otros hacia nosotros es volvernos indefensos y débiles. Entregarles nuestro poder a ellos solo nos ata más.

Sí, es tentador definirnos por lo que hemos soportado, pero estoy aprendiendo algo: hay un camino mucho mejor.

Mi amiga Sarah ha sufrido ataques racistas toda su vida, incluso en la iglesia. Pero me sorprendió cuando dijo: "Estoy eligiendo confiar nuevamente". Luego lanzó una serie de charlas sobre reconciliación racial en nuestra iglesia, que están uniendo a las personas para un cambio real. Yo veo su impacto y pienso: "¿Cómo alguien tan abusado y agraviado podría volver al mismo que le hizo daño y decirle: "Quiero construir un puente para regresar a ti. Quiero intentarlo de nuevo?".

Sarah diría: *por Jesús.*

Jesús lo cambia todo. En Jesús podemos reconocer nuestra frustración, dolor y sufrimiento sin renunciar a nuestra paz y alegría. **En Jesús, podemos cambiar desde *dónde* luchamos sin cambiar *por qué* luchamos.** Por su poder podemos mostrar que, sin importar cuán sombría sea la situación, Dios está en el negocio de redimir *todas* las cosas. Y desde ese lugar de confianza agradecida, podemos tender la mano, podemos confiar y podemos amar.

MEDITA:

El Señor te ha dado a conocer lo que es bueno, y lo que él espera de ti, y que no es otra cosa que hacer justicia, amar la misericordia, y humillarte ante tu Dios **(Miqueas 6:8).**

RECONFIGURA LA ESPIRAL:

Mis luchas en la vida no me definen.

Jesús: gracias porque las peores cosas que me han sucedido no me definen. Enséñame acerca de tu justicia y guíame en tu camino. Te agradezco mucho que hagas posible la redención. Amén.

REGALOS QUE NO PEDIMOS

MUCHAS VECES, CUANDO VEO EL SUFRIMIENTO de aquellos que amo, recuerdo que no siempre me gustan los planes de Dios. Cuando mis seres queridos han luchado con matrimonios destruidos y promesas incumplidas, con diagnósticos fatales y desesperación, con despidos en el trabajo y apatía en la maternidad, con padres que están envejeciendo y preadolescentes llenos de angustia, los planes de Dios no me parecen tan buenos. En esos momentos, la vida parece cruel en el mejor de los casos.

Y aun así…

¿No hemos conocido a Dios más íntimamente *debido a* nuestras dificultades? ¿No obtenemos una nueva capacidad para creer en Dios cuando estamos de rodillas en esos días oscuros? ¿No aprendemos a permitir que las personas nos ayuden, porque sin ayuda simplemente no podemos salir adelante? ¿No se han sentido nuestras bendiciones más dulces de lo que hubiesen sido si no hubiéramos experimentado su ausencia? ¿Acaso no miramos hacia atrás a los momentos más difíciles y vemos que esos precisamente nos han traído el crecimiento más profundo?

Esta puede parecer una perspectiva improbablemente optimista de adoptar, especialmente en medio del sufrimiento. Puede parecer un consuelo frío en medio del peor momento de nuestra vida. Conozco la sensación de hundimiento que se siente cuando alguien intenta traer alegremente un rayo de esperanza en una situación que ha destrozado tu corazón. No estoy aquí para hacer eso. Pero hay una luz al final del túnel y una fuerza que emerge de la resistencia. La resistencia, el carácter y la esperanza que nos es dada por el Espíritu, son marcas de aquellos que eligen la gratitud incluso —y especialmente— en los momentos difíciles.

Es como crear una pieza de cerámica que se cuece en un horno para hacerla fuerte e impermeable. Trabajas tan duro en esa arcilla y luego pones la pieza en el fuego sin tener idea de cómo resultará. Más tarde abres el horno y contienes la respiración, preguntándote si se habrá roto en un millón de pedazos o si se convertiría en lo más hermoso que has visto. Realmente esas son las únicas dos opciones, ¿verdad? No solo para la cerámica, sino también para nosotras. Cuando atravesamos los fuegos que inevitablemente encontramos en la vida, ¿saldremos fortalecidas o nos quebraremos definitivamente?

Todo es parte de la elección que hagamos. Apostaría a que, si miraras hacia atrás en tus peores momentos, no te llevaría mucho tiempo identificar las fortalezas que has adquirido a través de ellos, incluso si realmente desearas que esas cosas nunca hubieran sucedido. No hay forma de que alguna vez estemos naturalmente agradecidas por los malos tiempos, pero cuando vienen, podemos elegir la gratitud a través de ellos, a pesar de ellos, con fe en que Dios no nos ha abandonado.

Esto no se trata de una actitud positiva a ciegas ni de forzar una mala situación para que se vea buena. Se trata de apoyarnos en la fuerza y el amor de un Dios que es más poderoso que todo y que tiene nuestro bien en el corazón.

MEDITA:

Y no sólo esto, sino que también nos regocijamos en Dios por nuestro Señor Jesucristo, por quien ahora hemos recibido la reconciliación

(Romanos 5:11).

RECONFIGURA LA ESPIRAL:

Puedo elegir buscar regalos inesperados incluso cuando no estoy donde quiero estar.

Padre celestial: ayúdame a elegir sabiamente. Que me encuentren alabándote, incluso mientras estoy de pie entre las llamas. Amén.

PROPÓSITO DETRÁS DEL DOLOR

EL CAMBIO DE LA VICTIMIZACIÓN A LA GRATITUD REQUIERE VALOR, pero cuando lo hacemos, afirmamos nuestra comprensión de que *Dios sigue comprometido en redimir todas las cosas.*

Pablo les dijo a los filipenses que estaba seguro de que todo lo que le había sucedido había ocurrido con un propósito específico. Ese propósito, podrías suponer, era difundir el evangelio, la buena noticia de amor y gracia de Dios.

Al elegir la gratitud en lugar de la victimización, Pablo pudo centrar sus pensamientos en el propósito de Dios detrás del dolor. Podía haberse enfocado en el impacto de su encarcelamiento, que implicaba que la guardia del palacio llegara a conocer a Cristo. Podía ver que su ministerio estaba lejos de terminar; de hecho, apenas comenzaba.

Pero para ver los buenos propósitos de Dios, tenemos que enfocar nuestra mirada más allá de nuestra situación inmediata. Tenemos que recordar que, incluso ahora, tenemos una alternativa. Podemos optar por alabar y honrar a Dios justo donde estamos.

Podemos confiar en que servimos a un Dios que es tanto *trascendente* como *inmanente* (palabras elegantes para decir que sus caminos están más allá del entendimiento humano[56] y también que Dios elige estar cerca de nosotros, estar con nosotros, incluso en los momentos más difíciles cuando aún no podemos ver cómo podría salir algo bueno de nuestras circunstancias).

Pero ¿qué pasa si los planes de Dios incluyen un doloroso divorcio, problemas graves de salud, hijos que nos abandonan, que nuestra familia se tenga que desarraigar o un tiempo de oscuridad que no parece disiparse? En el momento, cuando llega la noticia del derrame cerebral, cuando se toma la decisión de mudarse, cuando la duda amenaza con derribarnos, ¿pensamos que los planes de Dios también son buenos entonces?

Me acuerdo de una experiencia por la que pasó una amiga mía cuando perdió a su esposo en una cruel batalla contra la ELA. Le pregunté si alguna vez había estado enojada con Dios, dada la tragedia que había soportado. El concepto era tan ajeno para ella que parecía ofendida de que incluso se lo hubiera preguntado. "¿Enojada con Dios?", respondió. "Sabes, nunca nos preguntamos: '¿Por qué?' Si acaso, preguntamos algo sería: '*¿Por qué no?*'". Ella dijo que su fe en Jesús les aseguraba que Dios usaría hasta su enfermedad y eventual muerte para bien. Su esposo proclamó a Jesús hasta el final, incluso desde su silla de ruedas a través de un simulador de voz. Dios lo ha usado. Y Dios sigue usándolo.

"Todavía no acepto por completo que se haya ido y que nunca volverá", dijo, "pero esto sí sé: su muerte no fue un final sino una extensión. Y estoy decidida a quedarme para descubrir en qué consiste esa extensión".

Mi amiga sabe que Dios no ha terminado con ella ni con la historia de su esposo. Y tampoco ha terminado con la tuya. Sea lo que fuere por lo que has estado pasando y lo que hayas enfrentado, Él está en el negocio de redimirlo todo.

---

[56] Isaías 55:9

MEDITA:

Quiero que sepan, hermanos, que lo que me ha sucedido más bien ha servido para el avance del evangelio, de tal modo que mis encarcelamientos por Cristo se han hecho evidentes en todo el pretorio, y a todos los demás **(Filipenses 1:12–13).**

RECONFIGURA LA ESPIRAL:

Dios redimirá todo lo que me suceda.

Dios: tus planes son incomprensibles, pero confío en que son buenos. Eres mi Redentor de principio a fin. Elijo centrar mis pensamientos en ti y ver lo que harás. Amén.

CONQUISTADORES

¿QUÉ PASARÍA SI EMPEZÁRAMOS A CREER verdaderamente que tenemos responsabilidad, autoridad y poder sobre nuestras vidas?
¡Imagina lo energizante que sería! Por otro lado, nos paralizamos
cuando empezamos a creer que somos víctimas de la vida que
nos tocó, de nuestras circunstancias, pensamientos, sentimientos
y situaciones. Nos sentimos derrotadas. Nos ponemos tristes, tristes, tristes.

Todos hemos tomado la bandera de la victimización de alguna
manera. Puede ser debido a una pequeña cosa. A lo mejor por una
relación en la que hemos salido heridas. Quizás debido a una circunstancia que simplemente parece tan injusta. Sea lo que sea, po-
seemos esta idea de que hemos sido tan agraviadas, tal vez incluso
hasta el punto de estar orgullosas de ello. Pero esa es una forma
miserable de vivir.

Dios nos ha dado autoridad y poder sobre nuestras circunstancias, sentimientos, mente y actitud. Él nos ha dado la libertad de
elegir y de cambiar. Así que no tenemos que vivir como víctimas.

Quiero ser súper clara en esto: no estoy diciendo que no haya víctimas reales. Algunas mujeres han sido maltratadas a niveles inimaginables. Si has sido abusada, o lastimada por alguien, lo siento mucho. Nadie puede minimizarlo, ignorarlo o tratarlo con ligereza. Mi corazón se duele por ti y contigo, al igual que mi corazón se duele por aquellas cuyas historias me golpean en el estómago.

Lo que estoy diciendo es que la mentalidad de victimización que muchas de nosotras tenemos nos arrastra en una espiral de pensamiento en los que hemos sido agraviadas, que la vida no es justa y que el mundo está en contra nuestra. Estoy hablando aquí de la victimización que surge cuando no nos damos cuenta del papel que hemos desempeñado en la situación con la que estamos molestas. Estoy hablando de la victimización que le roba el poder a Dios sobre la situación. Me refiero a esa clase de victimización que afirma que estamos impotentes y desesperadas, cuando Dios ha dicho: "Te he hecho más que vencedor".

Como sabemos por la Biblia, Dios nos ha equipado con los dones divinos del coraje y una mente sana para que podamos enfrentarnos a los poderes del mal y la injusticia en el mundo, y para que no seamos víctimas de las circunstancias ni de los hechos. No somos víctimas para nuestra mente. No somos víctimas de la mentalidad de "pobrecita yo" que emerge de nuestra voluntad obstinada.

Incluso si luchas con la victimización debido a enfermedades reales y serias, heridas y abusos y crímenes, aun puedes elegir algo que no sea una actitud derrotista para que no pierdas el gozo. Aún puedes creer que Dios traerá sanidad, un futuro y una esperanza. La gratitud es un arma que puedes usar para luchar contra cualquier situación que el enemigo te lance, y puedes elegir habitar en ella. Tienes ese poder en este momento y nadie puede quitártelo.

MEDITA:
Sin embargo, en todo esto somos más que vencedores por medio de aquel que nos amó **(Romanos 8:37).**

RECONFIGURA LA ESPIRAL:
Con el poder de Dios, no soy una víctima.

Dios: por favor lléname con la convicción del poder que me has dado para afirmar tu autoridad sobre mi propia vida, mis pensamientos y mi corazón. Elijo utilizar lo que me has dado. Amén.

INCLUSO SI...

EN EL SALMO 119, vemos al rey David enfrentándose a calumnias y amenazas contra su vida. Sorprendentemente, su respuesta fue: "¿Sabes qué? Dios es mi defensor. No voy a ser yo quien defienda mi propio nombre. Dios me defenderá". Y al final, Dios lo hizo. Pero en medio de todo eso, David no fue rescatado de inmediato. Una de las personas que intentaba derrocarlo era su propio hijo, luchando contra él para tomar el trono. No puedo imaginar cuánto debió dolerle. Pero vemos en los salmos que David continuó confiando en Dios y diciendo: "Aunque todo esto se desmorone, Dios, Tú eres bueno, incluso si..."

En muchas circunstancias, se nos presenta la opción de decirle a Dios: "Aunque me suceda lo peor, Tú eres bueno. Así que no voy a vivir en debilidad ni en angustia. Voy a vivir con poder y autoridad". Pero ¿aprovechamos esas oportunidades?

Una cosa es reclamar nuestra autoridad en la vida y otra es creer que es una especie de hechizo mágico. Ahora bien, la palabra *autoridad* puede usarse incorrectamente. Una cosa es decir con ligereza que podemos simplemente hablar con autoridad sobre nuestro cáncer o sobre nuestra circunstancia y que de ese modo desaparecerá. Dios puede hacer eso, por supuesto, lo he visto hacerlo. Él puede sanar. Pero también podemos tener autoridad en la realidad de saber que nuestra esperanza y sanidad final están en el cielo, y que las injusticias serán corregidas, incluso si no ocurre hasta que lleguemos allí. Así que, aunque no siempre podamos controlar cómo se resuelven las cosas en esta vida, podemos hablar con autoridad porque nuestra eternidad está asegurada.

¿Cómo es confiar en la autoridad y poder que Dios nos dio? ¿Cómo se hace para creer la verdad sobre nosotras mismas y nuestro futuro? Eso requiere guerra. Tienes que luchar contra las espirales de victimización. No puedes simplemente superarlo de manera pasiva e intentar pensar en positivo. Cuando estés pasando por algo donde te sientes golpeada o acorralada, donde te sientes impotente o sin esperanza, quiero que comiences a ver, a observar lo bueno en las personas, a contemplar lo bueno de Dios y a notar lo bueno en tu vida. Y tal vez llegues a un punto en el que puedas decir: "Oh, ¿sabes qué? No todo se va al infierno. De hecho, veo a Dios intercediendo por mí. Veo cosas buenas sucediendo a mi alrededor. Veo bien en mí misma. Me veo siendo más fuerte de lo que era ayer. Me veo levantándome hoy y cuidando de mis hijos cuando pensé que no podía respirar".

Con el tiempo te darás cuenta de lo fuerte que eres, de lo fuerte que Dios te ha hecho, de lo bueno que ha sido contigo y de cuánto te está cuidando. Es una forma sobrenaturalmente distinta de vivir.

MEDITA:

Aunque los lazos de los malvados me aprisionen, yo no me olvido de tu Ley (...) Tú eres bueno y haces el bien **(Salmos 119:61, 68, NVI).**

RECONFIGURA LA ESPIRAL:

Dios es bueno, incluso si lo peor sucede.

Dios: Tú eres mi defensor y Tú eres bueno. Gracias por la esperanza, el poder y la capacidad de superar las pruebas. Ayúdame a elegir prestar atención a tu bondad hoy. Amén.

LA MIRADA DE GRACIA

DE TODAS LAS BATALLAS QUE LUCHAMOS POR NUESTRA MENTE, la victimización podría ser la espiral más evidente. Después de todo, la gente puede ver cuando nos sentimos acosadas y derrotadas. Puedo saber por la postura de mi hijo al salir de la escuela, si sale como alguien que recibió burlas durante todo el día o como alguien que ha elegido el gozo. Todos los días son más o menos iguales para un niño de quinto grado: los niños fanfarronean y molestan a otros todos los días. La diferencia no está en lo que le dijeron ese día; está en cómo lo manejó.

Lo mismo ocurre con nosotros. Puede que no veamos si estamos exhalando derrota, pero podemos hacer preguntas audaces a nuestras amistades: "¿Me ven siendo víctima de mis circunstancias, de mi mente o de mis emociones?". Hazle esa pregunta a personas que te conozcan muy bien y prepárate para la respuesta. Y luego acéptalo. Tienes que decir: "Bueno, ¿cómo sería para mí no vivir como una víctima de esto?".

Para uno de mis hijos esto es un conflicto mayor y la respuesta implica traerlo de vuelta a la gracia y recordarle lo que significa ser perdonado. Le digo: "Hijo mío, sí, son muchas las veces en las que te han agraviado en la vida, pero mira, piensa en cuántas veces le hemos hecho mal a Dios y de todos modos Él ha venido por nosotros". Él viene por nosotros cada vez, sin importar lo que suceda, con sus recursos infinitos de gracia. Y en última instancia, en eso nos apoyamos todos.

Ahí es donde la gracia echa raíces, en aquellos que han sido perdonados mucho. Cuanto más conectados estemos con nuestra gratitud y cuanto más recordemos lo mucho que hemos sido perdonadas por nuestro Dios infinitamente amoroso, más podremos perdonar a otros.

En la práctica, esto resulta en personas libres, alegres, pacíficas que no están desconectadas de lo que les han hecho, sino en contacto con lo que Dios ha hecho por ellas. Y aquí es donde se vuelve milagroso: cuando te mueves en reconciliación hacia quienes te han herido. Ese movimiento solo puede venir de una explosión del Espíritu, porque la gente simplemente no tiene una categoría para este tipo de reconciliación. Habla de un Dios que ofrece esperanza más allá de nuestra comprensión. Ese tipo de espíritu milagroso es tan visible como un espíritu de derrota. Viene de elegir recibir sanidad de Dios, en lugar de quedarse en la victimización. Y luce como una paz que solo puede venir de Dios mismo.

MEDITA:
Acerquémonos confiadamente al trono de la gracia, para alcanzar misericordia y hallar gracia para cuando necesitemos ayuda **(Hebreos 4:16).**

RECONFIGURA LA ESPIRAL:
Elegiré la misericordia en lugar de derrota.

Dios: gracias porque puedo apoyarme en tu gracia y seguir volviendo a ti por más misericordia. Elijo dejar que eso sea lo que salga de mí, en lugar de la derrota. Por medio de tu Espíritu, llena de esperanza mi corazón. Amén.

LA BUENA BATALLA

EL ABUELO DE MI ESPOSO, QUE TIENE MÁS DE NOVENTA AÑOS, luchó en la Segunda Guerra Mundial. Su paracaídas no se abrió cuando lo arrojaron desde un avión. Se estrelló, perdió el conocimiento y terminó en un campo de prisioneros de guerra en Alemania. Eso fue oscuro y horrible. Perdió algunos dedos y casi pierde la vida. Todo estaba en su contra. Y, sin embargo, habiendo sobrevivido, dijo: "Voy a ser un gran esposo. Voy a construir una gran vida. Voy a obedecer a Dios. Voy a criar a mis hijos para que amen a Dios. Voy a ser un buen hombre".

Cuando observo su vida, pienso: "Bueno, eso es lo que significa vencer a la oscuridad". Es vencer las cosas que nos paralizarían y nos harían amargados y completamente gruñones. Eso es pelear la buena batalla: es elegir el gozo y la gratitud en lugar del cinismo y la victimización.

Vencemos la oscuridad eligiendo el gozo en lugar de elegir caer en la espiral porque la vida no es justa. Y no estoy diciendo que la vida no haya sido realmente injusta contigo, por amor de Dios. En mi tiempo en el ministerio he escuchado tantas peticiones de oración por cosas que ni siquiera puedo soportar o imaginar. Así que no estoy ignorando ese dolor; simplemente estoy diciendo que hay un Dios que es más grande que eso y que vivir como víctima no es una opción.

Esto es algo que tantos otros, como el abuelo de mi esposo, predican mucho mejor que yo porque han probado la oscuridad y el quebrantamiento más allá de lo imaginable. Pero lo he observado de cerca y puedo decirles que él ha elegido la gratitud. Y Dios ha protegido su alegría, su deleite y su corazón. No se ha vuelto amargado o enojado. Ha descubierto que el perdón es una mejor manera de vivir.

Así que tienes alternativa. Considera tus pensamientos con la certeza de que pase lo que pase, eres sostenido de manera segura por la diestra de justicia divina. Negarte a ser esclavo de tus circunstancias no significa que las ignores. Reconoces la frustración, el dolor y la injusticia. Las miras directamente a la cara, pero lo haces sin perder el gozo o la paz, porque sabes que, en última instancia, Jesús tiene el poder de corregir todos los errores. Y Él ha ganado la batalla.

MEDITA:
No tengas miedo, que yo estoy contigo; no te desanimes, que yo soy tu Dios. Yo soy quien te da fuerzas, y siempre te ayudaré; siempre te sostendré con mi justiciera mano derecha **(Isaías 41:10).**

RECONFIGURA LA ESPIRAL:
La gratitud derrota la oscuridad a mi alrededor.

Padre: quiero vencer la oscuridad en mi corazón y en mi mente. Por favor, dame la determinación para luchar en tu fuerza, sostenido por tu mano. Amén.

LAS COSAS PEQUEÑAS Y SIMPLES

Tú y yo estamos involucrados en una verdadera batalla. La batalla por nuestra mente y por las almas de esta tierra no es broma. Por momentos puede sentirse abrumadora. Sin embargo, en comparación con la ferocidad de la lucha, la forma en que avanzamos es sorprendentemente simple y no como podrías esperar. ¿Estás listo?

Hacemos las cosas simples que Jesús dijo que hiciéramos.

¿Y qué dijo Él que hiciéramos?

Orar.

Aferrarnos firmemente a su Palabra.

Amarlo con todo nuestro corazón, alma, mente y fuerzas en lugar de simular que lo hacemos.

Amar a nuestro prójimo.

Muy simple. Él no dijo que lucháramos cada batalla cultural de nuestro tiempo, porque sabía que las luchas de este mundo pasarán. No importa cuán importante sea la polémica cultural, ¿adivina qué? En el cielo no importará. En cambio luchamos por la verdad y para que la gente crea en Dios. De hecho, todo se reduce a esto: someterse y amar.

Jesús básicamente nos dice: "Escucha. Permanece en mí, habita en mí, ora, lee la Palabra, quédate conmigo, ámame y mantente cerca. Yo obraré en ti". Él tiene una gran visión para nosotros, pero será Él quien haga que la parte grande suceda.

Entonces, ¿qué hacemos? Las cosas pequeñas y simples.

Tan simples que realmente puedes saber qué hacer cuando te sientes en dificultades y cayendo en espiral. Cuando sientes que estás yendo hacia ese lugar de "¿Qué hago? Me siento paralizado y no sé qué hacer". Elige encontrarte con Él, aferrarte a Él.

¿Sabes qué sucede cuando vas a encontrarte con Jesús? ¿Cuando estás con Él en su presencia? ¿Cuando meditas en su Palabra y la memorizas? ¿Cuando estás en tu iglesia local y en comunidad auténtica y eres sincero acerca de las luchas de tu mente en lugar de evitarlas?

Ninguna oscuridad puede resistirte.

Nada puede resistir la fuerza de Dios moviéndose a través de un alma completamente enamorada de Él.

Son las cosas simples las que cambiarán el mundo.

Son aquellas cosas tradicionales y fáciles las que cambiarán tu alma.

Así que siéntate todos los días con Él en su Palabra, mírate a los ojos con un pequeño grupo de gente y cuéntales la verdad sobre tu alma. Haz el simple trabajo de amar a Dios y amar a las personas. Es confuso, duro y no muy glamuroso. Pero suena a Jesús.

MEDITA:
Amarás al Señor tu Dios con todo tu corazón, y con toda tu alma, y con toda tu mente y con todas tus fuerzas (...) Amarás a tu prójimo como a ti mismo
(Marcos 12:30-31).

RECONFIGURA LA ESPIRAL:
Mis pequeñas decisiones importan.

Dios: necesito tu simplicidad en mi vida. Cuando me sienta abrumado o impotente, llévame de vuelta a las cosas pequeñas y simples, y a tu presencia. Amén.

EMOCIÓN
Vergüenza

CONSECUENCIA
Ser reconocida

PENSAMIENTO
Puedo resolver
mis problemas solo

RELACIONES
Conectado

CONDUCTA
Construir muros

CONDUCTA
Construir puentes

RELACIONES
Aislamiento

PENSAMIENTO
Dios me hizo para vivir
reconocido y amado

Elijo darme a conocer ⟶

CONSECUENCIA
Soledad

EMOCIÓN
Vergüenza

DEL
AISLAMIENTO
A LA
CONEXIÓN

VULNERABLE Y TRANSPARENTE

¿Cuánto te conocen realmente los demás? Puedes tener una versión de tu vida que compartes en redes sociales y una versión que revelas compartiendo un café, ¿pero alguien conoce tu verdadero yo?

¿Quién sabe que perdiste la paciencia con tus hijos la semana pasada?

¿Quién sabe que no has hablado con tu papá en todo un año porque sientes dolor?

¿Quién sabe que te hiciste un aborto en la universidad?

¿Quién sabe que estás triste?

¿Quién sabe que estás sola?

En mi propio empeño por reconfigurar patrones de pensamiento tóxicos, estoy aprendiendo a reconocer la diferencia entre vulnerabilidad y transparencia. La *vulnerabilidad* es la divulgación editada de sentimientos personales o partes de ti mismo. La *transparencia,* es la exposición de las partes no editadas, sin filtrar y poco favorecedoras de tu alma. La vulnerabilidad es preciosa y provechosa y puede servir para grandes propósitos, y es hasta donde debes llegar con la mayoría de los conocidos (y seguro hasta donde deberías llegar en Facebook). Pero la transparencia es necesaria con tu gente más cercana, y especialmente con Dios. Es la única manera en que realmente puedes darte a conocer. Sin embargo, es una idea aterradora que puede hacerte caer en espirales de aislamiento y ocultamiento.

El ocultamiento podría incluir retirarte detrás de cosas como publicaciones de Instagram, un lindo vestuario, niños obedientes, un hogar organizado o una posición laboral significativa. Pero no importa lo que armemos en el exterior, no podemos ocultar nuestros ojos. ¿Sabes qué veo cuando miro a los ojos de algunos de los hombres y mujeres que conozco, gente como tú que están tratando de hacer y ser lo mejor posible?

Veo anhelo.

De ser vistos.

De ser amados.

De estar bien con las personas y con Dios.

De estar completos.

Todos deseamos no necesitar cosas externas; intentamos demostrar que no necesitamos a nadie. Nos enorgullecemos de salir adelante solos, de superar una semana difícil sin buscar ayuda. Puede que apenas nos demos cuenta, pero todos nos aferramos a la autosuficiencia.

Sin embargo, amar es ser vulnerable y transparente. Así como Dios nos creó para necesitar agua y comida cada pocas horas, también nos creó para necesitar relaciones. Nuestras necesidades a la larga nos sacan de nuestro escondite, pero lo que elijamos para nutrirnos determinará si volveremos a escondernos o si descubriremos cómo disfrutar nuevamente de nuestra vida, de las personas y las relaciones y de gozar de Él otra vez.

Disfrutar de cualquier cosa será difícil si constantemente te dejas llevar por los pensamientos que te hacen retirarte de los demás, pensamientos que te mantienen centrada en el dolor, el remordimiento, el agotamiento, las demandas o los conflictos que puedas estar enfrentando. Pero un encuentro con Jesús es suficiente para cambiar todo eso. Jesús te encontrará y te alimentará cuando te arriesgues a ser vulnerable y transparente y elijas conectar, primero con Él y luego con los demás.

MEDITA:

Jesús les dijo: "Yo soy el pan de vida. El que a mí viene, nunca tendrá hambre; y el que en mí cree, no tendrá sed jamás"
(Juan 6:35).

RECONFIGURA LA ESPIRAL:

Elijo arriesgarme a ser reconocida.

Jesús: Tú me diste mi anhelo de ser vista y amada. Ayúdame a escogerte primero, para que pueda ser saludable y libre con las personas que están en mi vida. Amén.

VISTA Y AMADA

LOS SERES HUMANOS NECESITAMOS SER VISTOS Y AMADOS para florecer plenamente. ¿Sabes lo que es sentir de esa manera? Sentirse vista y amada es el fundamento y el marco desde el cual construimos y crecemos. Cuando carecemos de conexión y relación, todo a nuestro alrededor parece desmoronarse en sinsentido y desesperación. Como escribió la consejera y autora Larry Crabb: "Ninguna mentira creemos más a menudo que aquella de que podemos conocer a Dios sin que alguien más nos conozca".[57]

Fuimos creadas para ser vistas y amadas. Y fuimos diseñadas por Dios para ser reconocidas por los demás.

No podemos simplemente recostarnos en nuestro sofá, leer un libro, orar y *desear* que nuestra mente cambie por sí sola. Para una transformación duradera, necesitamos al Espíritu Santo y precisamos de otros seres humanos. Dios se preocupa no solo por la postura de nuestros corazones, sino también por la gente que tenemos

---

[57] Larry Crabb, SoulTalk: *The Language God Longs for Us to Speak* [SoulTalk: El lenguaje que Dios anhela que hablemos], (Brentwood, TN: Integrity, 2003), p. 138.

a nuestro lado. En términos de cumplir nuestra misión en esta vida, no podemos hacer nada valioso solos. Así que Él nos ubica en comunidad.

De hecho, Dios mismo existe en comunidad: la Trinidad se relaciona como Padre, Hijo y Espíritu Santo. Tres personas, un solo Dios. Comunidad perfecta. Si Dios mismo vive en comunidad, yo diría que también nosotras la necesitamos.

Y si su ejemplo no es lo suficientemente claro, tenemos innumerables versículos en la Biblia que hablan de la necesidad de comunidad, especialmente estos de Pablo: "Vivan en armonía los unos con los otros".[58] "Consuélense; sean de un mismo sentir, y vivan en paz".[59] "No usen la libertad como pretexto para pecar; más bien, sírvanse los unos a los otros por amor".[60] "Sean bondadosos y misericordiosos, y perdónense unos a otros".[61] Si te fijas, Pablo da por sentado que ya estamos viviendo en una comunidad estrecha y hace estas declaraciones como estímulo de *cómo* debemos vivir en comunidad. Desafortunadamente, la idea de vivir en comunidad es una instrucción más que tendemos a considerar como una sugerencia. Nos gustaría hacerlo, pero cuando las cosas se ponen difíciles, la dejamos de lado.

Parece que nuestra generación ha hecho un ídolo de aquello de lo que Dios nos está llamando a apartarnos: la independencia. Sin embargo, la comunidad es una necesidad esencial para nuestra vida.

¿Qué pasaría si nos viéramos menos como superhéroes independientes y más como aldeanas: conocidas, notadas, amadas y vistas por quienes nos rodean? ¿Qué pasaría si hoy eligieras conectarte con tu comunidad de mujeres, incluso en cosas pequeñas, en vez de andar por tu cuenta?

---

[58] Romanos 12:16, NVI

[59] 2 Corintios 13:11

[60] Gálatas 5:13

[61] Efesios 4:32

MEDITA:

Amémonos unos a otros con amor fraternal; respetemos y mostremos deferencia hacia los demás

(Romanos   12:10).

RECONFIGURA LA ESPIRAL:

Fui creada para ser vista y amada.

Dios: gracias por diseñarme para ser vista y amada, por ti y por otros. Cuando sienta la tentación de pasar sola este día, abre mis ojos y mi corazón a los que me rodean. Quiero hacer que los demás también se sientan vistos y amados. Amén.

ANIMARSE MUTUAMENTE

En este momento, tienes el poder de la interrupción. No eres víctima de tu mente. Puedes redirigir tus pensamientos. Puedes cambiar tu marco mental. Pero una de las formas más poderosas de redirigir tus pensamientos, es permitir que alguien los interrumpa por ti.

Recientemente estaba tan desanimada por un proyecto en el que estaba trabajando, que comencé a entrar en la espiral. Así que hice una elección: llamé a mi amiga Carly.

Recuerdo que pensé: "¿Me hará esto demasiado vulnerable? ¿Acaso estoy cargándola con mi basura? ¿Será egoísta asumir que tiene tiempo para lidiar con todo esto ahora mismo?", pero seguí adelante y lo hice de todos modos. Le conté todo lo que estaba sintiendo. Le revelé mis pensamientos, incluso los realmente feos y vergonzosos a los que estaba lista para renunciar.

Y luego, al final, ella hizo algo increíble. Comenzó a luchar por mí, a animarme y a decirme la verdad acerca de mí. Me dijo de corazón que lo que estaba haciendo ese día sería útil no solo para ella, sino también para otros. Al cabo de unos minutos, yo sollozaba. Le agradecí por hablar vida y verdad sobre mí. Es difícil imaginar qué habría pasado si no la hubiera llamado. Podría haberme sentado en mis pensamientos tóxicos durante días. La espiral habría continuado como siempre lo hace cuando se sale de control.

Mi historia es un ejemplo exacto de por qué necesitamos que la gente luche por nosotros. Necesitamos personas que sean agresivas y guerreras y que se ensucien las manos en nuestra defensa. Cuando decimos en voz alta las mentiras que están en nuestra cabeza, necesitamos que luchen por nosotras con la verdad.

Pero también tenemos que ser esa clase de amigas. Y si te preguntas por qué no tienes esa clase de gente en tu vida, no te desanimes. Las relaciones son difíciles y generalmente las abandonamos tan pronto como se tornan complicadas. Sin embargo, las mejores amigas han pasado por muchas "dificultades". Los tiempos difíciles realmente construyen la profundidad y madurez de una relación. Podríamos ser capaces de enumerar muchas razones por las que no tenemos amistades profundas y cercanas, pero siempre podemos cambiar esa narrativa. Y la mejor manera de cambiarla es siendo esa persona primero.

Entonces, ¿por quién puedes luchar hoy? ¿A quién puedes llamar, averiguar si está bien y animar? Puede que no sepa cómo tomarlo e incluso podría retroceder, pero está bien. No dejes de intentarlo. Una vez que tomas la iniciativa y comienzas a ser esa persona para los demás, ellas comienzan a luchar por ti también.

Dios nos dio un regalo al poner a otros en nuestra vida. No lo pasemos por alto.

MEDITA:

Dos son mejor que uno, porque sacan más provecho de sus afanes. Si uno de ellos se tropieza, el otro lo levanta. ¡Pero ay de aquel que tropieza y no hay quien lo levante!

(Eclesiastés 4:9–10).

RECONFIGURA LA ESPIRAL:

Puedo luchar por mi gente y pedirle que luche por mí.

Dios: gracias porque no estoy sola en esta tierra, que me has puesto a mí y a quienes me rodean juntas intencionalmente para animarnos mutuamente. Por favor, hazme lo suficientemente fuerte como para luchar por otros y lo suficientemente vulnerable como para pedir ayuda. Amén.

DÍA
71

POR QUÉ LO HACEMOS SOLAS

No importa cuán seguras nos mostremos, cada una de nosotras tiene un miedo profundamente arraigado que nos persigue todos los días de nuestra vida: "Si alguien me conociera de verdad, me dejaría".

No sé exactamente cómo este miedo te susurra a ti, pero si eres como incontables mujeres que lidian con él, probablemente los mensajes acosadores suenen así:

- "Si la gente supiera lo que hice, no querría tener nada que ver conmigo".
- "Si la gente viera quién soy realmente, huiría en dirección contraria".
- "Si la gente supiera los pensamientos que soy capaz de tener, me rechazaría de sus vidas".

O tal vez la voz de este miedo sea un poco más sutil:

- "¿Por qué molestaría a la gente con mis problemas?".
- "Puedo manejarlo sola".
- "¿De qué serviría que me abra con alguien, de todos modos?".

Cuando escuchamos mentiras sobre nuestro valer, naturalmente nos alejamos de los demás. A veces nuestro comportamiento de distanciamiento tiene éxito en alejarlos y termina reforzando nuestro miedo al rechazo. Este patrón de pensamiento autocumplido lleva a que nuestra inseguridad alimente nuestro aislamiento, que a su vez alimenta la mentira de que somos inútiles, desconocidas e indignas de cuidado o atención. Como resultado, nos sentimos invisibles y no amadas, y para protegernos de un nuevo rechazo, construimos muros más altos y rechazamos a cualquiera que pueda cambiar nuestra percepción. Y así continúa el ciclo.

Gradualmente abrazamos la mentira de que debemos vivir la vida por nuestra cuenta, y que debemos aislarnos para evitar arriesgarnos a exponernos y ser rechazadas. Y a solas, en la oscuridad, el diablo puede decirnos lo que quiera.

Pero ¿qué significaría "vivir en la luz" y tener comunión unos con otros, como dice la Biblia?

La verdad es que fuiste diseñada a imagen de un Dios santo, que encarna la comunión y que te invita a su familia. Fuiste creada para vivir en comunidad. Con eso en mente, debes luchar constantemente contra la mentira de que puedes resolver tus problemas sola. La verdad es que Dios te hizo para vivir siendo reconocida y amada. Tienes una elección: puedes interrumpir los pensamientos que te aíslan y en cambio elegir darte a conocer.

MEDITA:

Pero si vivimos en la luz, así como él está en la luz, tenemos comunión unos con otros, y la sangre de Jesús, su Hijo, nos limpia de todo pecado **(1 Juan 1:7).**

RECONFIGURA LA ESPIRAL:

Dios me hizo para vivir siendo reconocida y amada.

Jesús: por favor, libérame de los pensamientos aislantes. Cuando esté sola en la oscuridad, ayúdame a elegir la verdad y la conexión. Amén.

MEJOR JUNTAS

ELEGIR COMUNIDAD SOBRE AISLAMIENTO PUEDE SER ATERRADOR. Requiere que tomemos un riesgo. Pero Dios nos coloca intencionalmente en comunidad para que quienes nos rodean puedan ayudarnos en la batalla por nuestra salud mental. Cuando nuestra mente está en caos, nuestros pensamientos se espiralizan y las emociones llevan el control, nuestro plan de escape puede incluir simplemente tender la mano y susurrar esa pequeña palabra: "Auxilio".

La investigadora y autora Brené Brown expresó: "La vulnerabilidad es el núcleo, el corazón, el centro, de las experiencias humanas significativas".[62] O, dicho de otra manera, debemos darnos a conocer para poder estar sanas. Así que dime las personas que te conocen y cuán profundo llega ese conocimiento y te diré cuán sana estás.

Sin embargo, muchas estamos en apuros en ese sentido, porque hay desafíos reales y legítimos para vivir en comunidad de manera

---

[62] Brené Brown, El poder de ser vulnerable (Barcelona: Urano, 2016), p. 12 del original en inglés.

significativa. De hecho, cuantas más personas encuentro, más razones válidas escucho sobre por las cuales la comunidad "simplemente no es para mí". Por ejemplo, es posible que vivas en un pueblo muy pequeño, o quizás seas totalmente introvertida y encuentres estresante y agotador interactuar con gente nueva. Tal vez hayas sufrido una traición muy dolorosa –o más de una– y eso te impide involucrarte ahora. Te arriesgaste a confiar en alguien con tu dificultad y esa decisión se volvió contra ti. "No lo haré otra vez", dices.

A estos y mil otros argumentos en contra, solo tengo una respuesta: ¡Lo entiendo! No podemos controlar cómo responderán los demás una vez que los hayamos dejado entrar. Pueden decir algo insensible o ser hirientes de alguna manera nueva e ingeniosa. Las personas pueden ser antipáticas, volubles, poco consideradas, centradas en sí mismas y olvidadizas. Lo sé porque soy una persona y en algún momento he sido todas estas cosas. Como, sin duda, tú también lo has sido.

No obstante, las relaciones valen el trabajo arduo. Ciertamente, he tenido que luchar por cada relación valiosa en mi vida.

De modo que en lugar de dejar que el enemigo te mantenga cautivo en el aislamiento, recuérdate esta verdad: "Tengo una elección. Puedo recordar que el Espíritu de Dios vive dentro de mí y caminará conmigo mientras me acerco a otros igual de humanos y con tanta necesidad de conexión y gracia como yo".

MEDITA:
Sean bondadosos y misericordiosos, y perdónense unos a otros, así como también Dios los perdonó a ustedes en Cristo **(Efesios 4:32).**

RECONFIGURA LA ESPIRAL:
Las personas no son perfectas, y yo tampoco, pero puedo elegir conectarme.

Dios: ayúdame a arriesgarme a ser reconocida hoy por ti y por los demás. Amén.

MOLESTAR Y SER MOLESTADA

Cuando tomamos la decisión de dejar de intentar hacer la vida por nuestra cuenta y en cambio arriesgarnos a tener conexión con otros seres humanos reales, debemos tener dos recursos a nuestra disposición: la conciencia para saber lo que necesitamos y el coraje para salir y obtenerlo.

Sin embargo, una de las cosas que requiere más valor, es molestar a otros y permitir que ellos te molesten.

A medida que los conocidos se convierten en amigos, los riesgos aumentan. El miedo al rechazo es real. Mi consejo: ve con todo. Cuando notes que tus amigos no están siendo ellos mismos, moléstalos hasta que hablen con franqueza. Invítalos a tomar el té. Invítalos a almorzar. Diles que quieres orar por ellos porque sabes que algo está andando mal en sus vidas. Moléstales hasta que se sientan lo suficientemente seguros como para desahogarse. Te lo agradecerán algún día.

Del mismo modo, para experimentar una verdadera comunidad, tú también debes estar dispuesto a ser molestado. Arriésgate hoy a confiar en alguien con la verdad de tu vida. Sí, podrías resultar herida. Sí, podrías sentirte avergonzada. Sí, podría ser incómodo. Pero es mejor la incomodidad de un amigo que te sostiene la mano y te escucha, que la incomodidad de pensar que estás solo.

Sin embargo, observa que *molestar* viene antes de *ser molestado*. Esta es la sabiduría en la regla de oro de Jesús: "Hazle a los demás lo que quieras que te hagan a ti", basado en Lucas 6:31. Así que primero toma la iniciativa, y luego deja que otros tomen la iniciativa contigo.

No puedo evitar notar que cada vez que publico en Instagram sobre la amistad y el valor de vivir en comunidad, recibo respuestas como estas:

"Nadie quiere ser mi amiga".

"Nadie se me acerca nunca".

"Yo doy el primer paso, pero nadie me devuelve el gesto".

"No le importo a nadie".

Escucha: dar lugar en tu mente y corazón a pensamientos como estos es darle al enemigo vía libre. La ironía aquí es que muchas de las personas que crees que no se preocupan por ti, se sienten de la misma manera que tú. Tal vez estén preocupadas de que si se exponen, serán rechazadas. Podrían estar frustradas de que nadie parezca devolverles el cuidado que ofrecen. Están seguras de que nadie quiere hacer amistad con ellas. Todos estamos en el mismo barco aquí.

Por eso te ruego: sé tú quien moleste primero. Acércate. Arriésgate. Di lo que sientes. Escucha bien. Sé el amigo que desearías que otros fueran contigo.

MEDITA:

Todo lo que quieran que la gente haga con ustedes, eso mismo hagan ustedes con ellos **(Mateo 7:12).**

RECONFIGURA LA ESPIRAL:

Puedo ser lo suficientemente audaz y valiente como para ser quien molesta primero.

Dios: por favor, derriba cualquier muro que haya construido que me impida experimentar una relación profunda. Lléname de tu Espíritu mientras elijo tener coraje y tomo la decisión de molestar y ser molestado por aquellos que has puesto en mi vida. Amén.

EL ÚLTIMO DOS POR CIENTO

Sɪ ǫᴜᴇʀᴇᴍᴏꜱ ꜱᴀʟɪʀ ᴅᴇʟ ᴄᴀᴏꜱ, no podemos quedarnos solos en la oscuridad con el diablo. Tenemos una alternativa. Podemos darnos a conocer. Tenemos que ser rescatadores y necesitamos reunir un equipo en torno nuestro.

Porque cosas hermosas suceden cuando permitimos que otro entre.

Tenemos este dicho en mi iglesia local en Dallas: "Expresa el último dos por ciento". Tal vez pienses que has aprendido el secreto para dominar la autenticidad. Mencionarás tu lucha con un pecado, un miedo o una inseguridad, pero incluso aquellos que valoramos la autenticidad a menudo tenemos una carta que no mostramos. Es el pequeño secreto que no le revelamos a nuestra familia, lo que no compartimos con nuestras amigas. Tal vez tu dos por ciento es que sentiste rabia hacia tus hijos pequeños hoy. O tal vez sea un error que cometiste años atrás y que nunca le contaste a nadie.

Para una amiga mía –una mujer asombrosa y piadosa– esto fue algo difícil de hacer, pero reunió el coraje y le dijo a una de nuestras amigas en común, que se había sentido atraída por un hombre que no era su esposo e incluso había comenzado a enviarle mensajes de texto. Se acercó a nuestra amiga y le dijo: "Necesito revelar ese último dos por ciento que no comparto con nadie. Necesito verbalizarlo". Luego lo dijo en voz alta (y aquí es donde se convierte en algo loco). Ella me dijo: "En el momento en que lo dije en voz alta, nunca más volví a sentir atracción hacia él".

Sí, es loco. ¿Por qué pasaría eso? Permíteme decírtelo de nuevo: si te quedas en la oscuridad con el diablo, él puede decirte lo que quiera.

Tal vez te has quedado en la oscuridad con el diablo y has mantenido tus secretos encerrados. Tal vez has evitado mostrarle a alguien todas tus cartas. Quiero decir, ¿por qué lo harías? Tal vez pienses que no es tan importante y que no significa nada, pero cuando no juegas tus últimas cartas, el diablo te tiene justo donde te quiere y puede decirte lo que quiera.

La buena noticia es que cuando pronuncias en voz alta lo que está en tus pensamientos y revelas tus luchas oscuras, las capturas y rompes su poder. Pones a prueba el evangelio y permites que se sostenga. Traes comunidad. Porque así es como Dios te creó para luchar: Siendo reconocido. Visto. Amado. Elige esto hoy.

MEDITA:
Confiesen sus pecados unos a otros, y oren unos por otros, para que sean sanados. La oración del justo es muy poderosa y efectiva **(Santiago 5:16).**

RECONFIGURA LA ESPIRAL:
Me arriesgaré a ser vulnerable.

Señor: por favor, muéstrame dónde he estado retrayéndome de aquellos que has puesto en mi vida para apoyarme en buscarte a ti. Ayúdame a soltar ese último dos por ciento y elegir la libertad de darme a conocer. Amén.

LLAMADA A SALIR DE TU ESCONDITE

Después de un reciente viaje con buenas amigas ocurrió un hecho sorprendente. Durante el viaje conectamos muy bien y el tiempo que pasamos juntas alimentó y revivió mi espíritu. Pero una vez que regresé a casa después de experimentar esa conexión curativa y esa comunión que tanto necesitaba, me desperté sintiéndome sola. No era porque extrañaba a mi gente, sino porque accidentalmente había estado pensando que la escapada perfecta con ellas debía llenar mi alma.

No es que el viaje haya sido una decepción. Al contrario, fue increíble. Fue todo lo que esperaba, pero, aun así, no llenó mi alma. Me dio sed de comunidad de nuevo.

Aquí está lo que creo que causa situaciones como la mía: estamos tan solas y no nos sentimos reconocidas o comprendidas. No nos sentimos conectadas con las personas de una manera realmente profunda, porque esperamos que llenen un vacío en nosotras que solo Dios puede llenar.

La mentira es que cosas buenas como la comunidad, la autenticidad y la confesión pueden ocupar el lugar de conectarnos con Jesús. Pero en verdad, **la soledad está destinada a ser una invitación a acercarnos más a Dios**. Aun así, ante el primer signo de soledad, nuestra tendencia es intentar frenéticamente satisfacer esa necesidad con personas y demostrarnos que somos amadas y divertidas y dignas de atención. Desafortunadamente, si nos conectamos con la gente y no con Dios, terminamos pidiéndoles que sean nuestro todo. Debemos saber que las personas siempre eventualmente nos decepcionarán, porque nunca estuvieron destinadas a ser nuestro todo en todo.

Solo Dios tiene los recursos y la capacidad para satisfacer exhaustivamente tus necesidades, para hacer que no vuelvas a tener sed jamás. Sí, también fuiste diseñada para necesitar las relaciones humanas, pero nunca se pueden disfrutar plenamente si las estás utilizando para reemplazar la relación más importante y definitiva. Solo cuando permitas que Dios satisfaga tus necesidades básicas más profundas, dejarás de usar a los individuos para satisfacerlas y comenzarás a disfrutar de la gente a pesar de las formas en que te decepcionen.

Hasta que hagas ese cambio en tus expectativas, seguirás cayendo continuamente en espirales de aislamiento, porque es demasiado doloroso dejarse conocer. Puedes dar la ilusión de mostrarte, dejando ver un poco de la verdad, pero no lo suficiente para revelar tu quebrantamiento debajo de la superficie. Y caes en la espiral de esconderte.

Sin embargo, Jesús te llama a salir del escondite.

Él te llama al agua viva que brota, libera, sacia y restaura. Jesús dice: "Déjame ser tu todo. Serás llena y serás reconocida y serás libre".

MEDITA:

"Todo el que beba de esta agua, volverá a tener sed; pero el que beba del agua que yo le daré, no tendrá sed jamás. Más bien, el agua que yo le daré será en él una fuente de agua que fluya para vida eterna"

(Juan 4:13-14).

RECONFIGURA LA ESPIRAL:

Solo Dios puede satisfacer mis necesidades más profundas.

Jesús: gracias por ofrecer libertad. Elijo tu suficiencia hoy por sobre el aislamiento y la codependencia. Solo Tú puedes satisfacer mis necesidades. Amén.

CREADO PARA CONECTAR

¿RECUERDAS LO QUE HACEN LAS NEURONAS ESPEJO? Cuando estás sentado frente a alguien, por ejemplo, una amiga tomando un café, tus neuronas espejo están todas activas. Supongamos que comparte algo difícil contigo y tiene una cara muy triste. Antes de darte cuenta de que lo estás haciendo, tu rostro reflejará el de ella. De repente, estás compartiendo la tristeza. Esa reacción viene de algo en tu cerebro que fisiológicamente te dice que empatices con tu amiga.

Dios nos regaló esta habilidad porque sabía que tendríamos que vivir juntos y que no podríamos simplemente vivir en islas aisladas enfrentando nuestras luchas, desconectadas de los demás. Nos hizo para estar conectadas de forma innata.

Dios abordó esta conexión desde la primera persona, Adán, en el jardín del Edén. Incluso desde el principio, Él sabía que *no era bueno que el hombre estuviera solo*. Lo mismo es cierto para nosotros en la actualidad; todos necesitamos a nuestra gente. Podemos pensar: "Bueno, no es gran cosa que esté aislada y no tenga grandes amigos. A fin de cuentas, no importa tanto". Pero en realidad es un gran problema.

La soledad es una epidemia en nuestra cultura hoy en día, y causa problemas de salud reales y cuantificables. La soledad ha sido relacionada con enfermedades cardíacas, depresión, estrés crónico e insomnio.[63] Si la conexión física no es suficiente para convencerte de que la conexión importa, tal vez esto lo haga: estás en el centro de una guerra, y cuando eliges el aislamiento antes que la conexión, estás permitiendo que el enemigo gane en tu vida.

Tal vez para ti ya ha tenido mucho éxito al aislarte. Has sido herida por tu comunidad, por la iglesia local y por aquellos que deberían haber traído sanidad a tu vida y ahora estás completamente sola. Déjame decirte: lucha contra el enemigo en esto. Ora al respecto e involucra a las personas. Es un proceso; lleva tiempo. Pero no tiene por qué tardar tanto si profundizas rápidamente.

La Biblia nos dice que tenemos armas divinas para destruir fortalezas (2 Corintios 10:4). Una de esas armas es la comunidad. Es un arma tan poderosa porque Dios está en nosotros. En la comunión ocurre una manifestación sobrenatural que desafía la comprensión: el Espíritu de Dios que habita en ti lucha por y se une al Espíritu de Dios en quienes te rodean. Surge un sentido de unidad y poder cuando estamos juntos. Lo he visto una y otra vez.

Cuando luchamos por el otro, nuestra vida cambia. Cuando estamos en una comunidad profunda, la alegría y la paz marcan nuestra vida. Todas lo necesitamos. No es opcional: es necesario. Si comprender eso te estresa, recuerda: "Estás especialmente diseñada y creada para las relaciones". Ya tienes todo lo que necesitas para conectarte.

---

[63] "The Science of Love: See How Social Isolation and Loneliness Can Impact Our Health" [La ciencia del amor: Mira cómo el aislamiento social y la soledad puede impactar en nuestra salud], *Living Love Mindfulness Medicine*, 21 de febrero de 2017, https://livinglovecommunity.com/2017/02/21/science-love-see-social-isolation-loneliness-can-impact-health.

MEDITA:
No está bien que el hombre esté solo; le haré una ayuda a su medida
(Génesis 2:18).

RECONFIGURA LA ESPIRAL:
Dios me creó para necesitar personas en mi vida.

Dios: acepto la forma en que me hiciste. Ayúdame a luchar contra el aislamiento y recuerda que la conexión es esencial. Siempre que abras una puerta para profundizar con alguien, ayúdame a elegir tomarla. Amén.

FLUYE

LOS EVANGELIOS NOS CUENTAN LA HISTORIA de una mujer en un pozo. Ella va a ese lugar al mediodía a buscar agua. Evita el frescor de la mañana, porque no quiere encontrarse con nadie. Está marginada. Aislada. Vive en adulterio y no quiere hablar con nadie al respecto.

Pero Jesús la encuentra allí y le ofrece salvación. Perdón. Agua viva.

Ella lo escucha y luego hace algo impensable. ¡No solo corre hacia todos aquellos de quienes se escondía previamente, sino que también se apresura a contarles acerca de su pecado! "Creo que el Mesías está aquí, y Él conocía mi pecado". Ella comienza a volcar todo lo que siempre trató de ocultar.

¿Está loca? ¿O está cambiada? ¿O es libre?

Tal vez la razón por la que nos aislamos es porque no sabemos qué se siente al vivir sabiéndonos completamente perdonadas. Nunca hemos sabido lo que significa disfrutar verdaderamente la vida, correr hacia una multitud sin vergüenza, sin miedo, sin culpa, sin sentir la necesidad de demostrar que somos valiosas y sin tener que fingir nada. Solo siendo nosotras, sobrecogidas por la increíble noticia de un Salvador que cambia vidas.

Jesús nos cautiva con su perdón y su gracia y nos libera absolutamente. No necesita que actuemos. No está aquí para un espectáculo. Simplemente para que caminemos junto a Él. Esto no parece tener sentido y es un poco complejo, pero es salvaje y divertido y es la única reacción posible cuando el Espíritu nos llena con todo lo que nuestra alma siempre ha anhelado.

Darnos a conocer es lo que sucede inevitablemente cuando te das cuenta de que ya eres reconocida y, gracias a Jesús, has sido aceptada. No tienes que seguir buscando lo que ya tienes. El agua viva te inunda cuando abrazas tu identidad como hija de Dios y luego sacia eternamente tu alma. De hecho, fluye y se derrama desde tu interior hasta que no tengas nada más que demostrar y nada más que ocultar.

Mira lo que el agua viva hizo por la mujer en el pozo:

- *Pasó de la vergüenza y el escondite a ser totalmente reconocida y aceptada.*
- *De evitar a la gente a relacionarse con todos a su alrededor.*
- *De tener sed de alguien o algo que la llenara a estar completamente satisfecha.*
- *De desperdiciar su vida en el pecado a cumplir sus propósitos dados por Dios.*
- *De sentirse avergonzada a rebosar de alegría.*

Jesús ha hecho lo mismo por ti. De modo que ¡fluye!

MEDITA:

La mujer dejó entonces su cántaro y fue a la ciudad, y les dijo a los hombres: "Vengan a ver a un hombre que me ha dicho todo cuanto he hecho. ¿No será éste el Cristo?"

(Juan 4:28–29).

RECONFIGURA LA ESPIRAL:

En Jesús, soy plenamente reconocida y aceptada.

Jesús: gracias por mi identidad como tu hija, perdonada y renovada. Permite que tu presencia me cambie, me llene y se derrame sobre los demás. Quiero rebosar. Amén.

BIENVENIDA A LA MESA

A Satanás le encanta que estemos solos. Si puede aislarte, puede hacer que creas lo que él quiera. Puede hacer que te cierres y vivas en sus mentiras, creyendo que tienes que esconderte y que no eres suficiente. Quiere que te centres en ti mismo, en tus problemas y en tu pecado, en lugar de luchar por la gloria de Dios o por las almas. Quiere que vivas con miedo en este mundo en lugar de mirar hacia adelante a una eternidad que ciertamente llegará.

Así que te distraerá... con Netflix. *Downton Abbey*, para ser exactos.

¿Sabes una de las cosas fascinantes sobre *Downton Abbey*? La familia no baja muy a menudo y los sirvientes no suben excepto para servir. Ciertamente no se sientan en el comedor de arriba; no usan esos muebles. En la jerarquía social de la época había un muro divisorio entre los ricos y los pobres, entre los que eran dignos y los que no lo eran.

Nuestro Dios vino para quitar los muros que dividían a la familia de los sirvientes. Nuestro Dios dice: "Adivina qué. No te quedes abajo en los cuartos de los sirvientes. Ven arriba y sé parte de Mi familia y disfruta de las riquezas y bondades de la vida que doy a mis hijos".

Esta es tu dignidad, tu valor y quién eres. Por toda la eternidad. Ninguna circunstancia, ninguna persona, ningún error y ninguna mentira en tu propia cabeza pueden robarla. Es verdad. Puedes creer las mentiras del enemigo que te mantienen temeroso y escondiéndote en las sombras, pero eso no cambiará ni por un segundo lo que es verdad.

Nuestra identidad está asegurada. Somos parte de la familia, pero tú y yo a menudo dudamos en subir y disfrutar de ella. Nos quedamos abajo escondidas, aunque *sabemos* que en el cielo estaremos con Dios, en su mesa y disfrutando de Él y de todo lo que tiene para nosotras. Pero ¿por qué no subir hoy y disfrutar de un gran banquete y de la vida de gracia de *Downton Abbey* ahora mismo?

Eres una hija de Dios, adoptada por el Rey, ¡creada para ser –¿estás lista para esto?– coheredera con Cristo! ¡Increíble, ¿verdad?! Todo lo que Jesucristo recibe en el cielo, es nuestra herencia también. Asombroso. Esta es nuestra identidad.

¿No sabes que Dios nos está mirando y diciendo: "Eres de mi familia. Eres mi hija. ¿Por qué diablos te estás escondiendo en el sótano? Cuando nos escondemos, nos disminuimos a nosotras mismas, disminuimos nuestro valor y nuestra fe en Dios. Cuando salimos del escondite, cuando elegimos conectar con otros, podemos empezar a disfrutar todo lo que Dios tiene para nosotros en su familia.

MEDITA:

Y si somos hijos, somos también herederos; herederos de Dios y coherederos con Cristo, si es que padecemos juntamente con él, para que juntamente con él seamos glorificados **(Romanos 8:17).**

RECONFIGURA LA ESPIRAL:

Soy hija de Dios y coheredera con Cristo.

Padre: gracias por mi herencia de hija, y por tu promesa de que no tengo que esconderme sola. Por favor, entretéjeme en tu familia y aliméntanos a todos con tu verdad. Amén.

EMOCIÓN
Estrés

CONSECUENCIA
Efectivo

PENSAMIENTO
Puedo hacer lo que quiera

RELACIONES
Generoso y cariñoso

CONDUCTA
Cómoda y autocomplaciente

CONDUCTA
Busco el bien de los demás

RELACIONES
Servirme a mí mismo

PENSAMIENTO
Dios me ha hecho libre para
buscar el bien de los demás por
sobre mi propia comodidad

Elijo buscar el bien de los demás
por sobre mi propia comodidad ⟶

CONSECUENCIA
Aburrido

EMOCIÓN
Estrés

DE LA
COMPLACENCIA
AL
SERVICIO

EL ENCANTO DE LA COMPLACENCIA

Nuestra idea cultural de libertad a menudo es que somos libres para hacer lo que queramos. La ironía es que cuando pasamos por etapas de hacer lo que queremos, esas resultan ser nuestras temporadas menos satisfactorias. **No fuimos creadas para vivir para nosotras mismas.** Tú y yo fuimos hechas para ser parte de una historia eterna donde somos impulsadas por nuestro propósito: servir a un Dios incomparable. La complacencia reescribe ese argumento por completo.

La complacencia es encontrar comodidad en la mediocridad, en aceptar las cosas tal como están y en aferrarse al *statu quo*. Está detrás de nuestra tendencia a desconectarnos, a ausentarnos y a adormecernos. Después de todo, si nuestro objetivo más alto en la vida es simplemente no agitar las aguas, entonces ¿por qué no comer toda la pizza, beber toda la botella de vino, terminar el medio galón de helado, jugar Candy Crush durante tres horas seguidas o quedarse en la cama todo el día?

Cuando vivimos bajo una regla de complacencia, las preguntas que impulsan nuestros patrones de pensamiento ya no son "¿Cómo me usará Dios hoy?" o "¿Cómo puedo hablarle de Jesús a alguien?". En cambio, nos enfocamos en preguntas como: ¿Qué quiero? ¿Qué necesito? ¿Cómo conseguiré lo que quiero y necesito? ¿Qué tengo ganas de hacer? ¿Qué me hará más feliz? ¿Qué me hará sentir más cómoda? ¿Qué me hará ver bien? ¿Qué me hará sonar inteligente? ¿Qué me protegerá de salir herida o de cargar toda la culpa?

Y la pregunta alrededor de la cual giran todas las demás: "¿Qué me hará sentir contenta?". Imagino que pocas cosas le dan más satisfacción al diablo que nuestras formas de buscar comodidad. No representamos ninguna amenaza para él cuando estamos totalmente preocupadas por las cosas de este mundo.

Sin embargo, como nos recuerda el versículo de hoy, porque hemos sido sepultadas con Cristo y levantadas en fe, ya hemos muerto a las cosas de este mundo. Nuestra verdadera vida está ligada a Cristo.

Cuando rechazas la pasividad y te inclinas hacia las necesidades que hay a tu alrededor, ves que tu mente está puesta en las cosas de Dios. Cuando las espirales de complacencia intentan derribarte, tienes una elección que hacer. Puedes decir: "Elijo buscar el bien de los demás por sobre mi propia comodidad."

Dios nunca es pasivo. Dios siempre está obrando para nuestro bien y para su gloria. La mentira que tenemos que combatir es esta: "Puedo hacer lo que quiera". La verdad es que *Dios me ha liberado para servir a otros, no para complacerme a mí misma.*

MEDITA:

Porque por el bautismo fuimos sepultados con él en su muerte, para que así como Cristo resucitó de los muertos por la gloria del Padre, así también nosotros vivamos una vida nueva **(Romanos 6:4).**

RECONFIGURA LA ESPIRAL:

Fui liberada para liberar a otros.

Dios: gracias por poner un anhelo dentro de mí de ver tu obra buena realizada en esta tierra. Por favor, abre mis ojos para ver dónde la complacencia podría estar robándome la energía y ayúdame a elegir algo diferente. Amén.

DÍA
80

CREADA PARA SERVIR

En los evangelios Jesús contó una parábola sobre unos sirvientes que quedaron despiertos hasta altas horas de la noche con sus lámparas encendidas, esperando el regreso de su amo. Les estaba diciendo a sus discípulos –y, por extensión, a nosotras–: "¡Manténganse vestidos para la acción y con las lámparas encendidas! ¡Estén listos para cuando su señor regrese!".

Continuó diciendo: "¡*Dichosos los siervos* a los que su señor encuentra pendientes de su regreso! De cierto les digo que se ajustará la ropa, los hará sentarse a la mesa, y él mismo vendrá a servirles" (Lucas 12:37). Esto es a lo que Jesús se refiere cuando dice: "Hay más bendición en dar que en recibir" (Hechos 20:35).

Cuando somos fieles en buscar oportunidades para servir, cuando vivimos nuestra vida *listas* para la llamada del Maestro, somos nosotras las que al final somos servidas. Nuestro Maestro realmente se pondrá un delantal y atenderá *todas* nuestras necesidades.

Entonces, ¿qué le espera a quien sirve consistentemente?

Una razón clave por la cual los que aman a Dios eligen el servicio sobre la complacencia, es que Dios valora mucho el trabajo. A Él le *encanta* trabajar. Dios claramente se deleitó en sus esfuerzos creativos. Su arduo trabajo fue alimentado por el puro deleite.

Nosotras también fuimos creadas para deleitarnos en nuestro trabajo.

Puede resultar satisfactorio darse un atracón de snacks mientras uno se desplaza por las redes sociales durante una hora o dos (¿o tres?), pero en algún momento, ¿no te sientes incómoda e inquieta? ¿No empieza tu alma a clamar por algo más?

Nuestra alma está diciendo: "¡Esto, simplemente, no me llena!".

Nuestro cerebro está diseñado para florecer cuando estamos sirviendo a otros. La investigación ha demostrado que realmente funcionan mucho mejor cuando estamos del lado de dar en lugar de recibir. Servir reduce el estrés.[64] Las personas que viven con un propósito duermen mejor y viven más tiempo.[65] Servir a los demás enciende una región del cerebro que forma parte del sistema de recompensa.[66]

Tú y yo fuimos diseñadas a medida para desempeñar un papel en la historia eterna de Dios y experimentar un propósito profundo y significativo, no para perder el tiempo comiendo palomitas de maíz y viendo películas. Ansiamos más que eso y hay una razón: Dios nos hizo para anhelar mucho más. Mientras esperamos activamente por Él, con nuestras lámparas encendidas, descubrimos que de veras hay mayor bendición en dar.

---

[64] Christopher Bergland, "3 Specific Ways That Helping Others Benefits Your Brain" [Tres formas específicas en que ayudar a otros beneficia a tu cerebro], *Psychology Today*, 21 de febrero de 2016, www.psychologytoday.com/us/blog/the-athletes-way/201602/3-specific-ways-helping-others-benefits-your-brain.

[65] Janice Wood, "Having a Purpose in Life Linked to Better Sleep" [Tener un propósito en la vida se relaciona con un mejor sueño], *Psych Central*, 8 de agosto de 2018, https://psychcentral.com/news/2017/07/09/having-a-purpose-in-life-linked-to-better-sleep/122940.html.

[66] Bergland, "3 Specific…"

MEDITA:

Manténganse listos, con la ropa puesta y con su lámpara encendida. Sean como los siervos que están pendientes de que su señor regrese de una fiesta de bodas: en cuanto su señor llega y llama, ellos le abren enseguida **(Lucas 12:35-36).**

RECONFIGURA LA ESPIRAL:

Cuando sirvo, cobro vida.

Dios: gracias por haberme creado para ayudar y por configurar mi cerebro para que eso me satisfaga. Muéstrame hoy cómo puedo prepararme para la acción y romper la espiral de pensamientos autocomplacientes. Amén.

LA VOLUNTAD DE DIOS PARA TU VIDA

¿QUIERES SABER LA VOLUNTAD DE DIOS PARA TU VIDA? te la daré en tres palabras:

Entregarse.

Y obedecer.

¡Eso es todo! Se han escrito muchos libros sobre cómo encontrar la voluntad de Dios, pero –¡pum!– aquí está a la vista, en la instrucción de Jesús para que tomemos nuestra cruz y lo sigamos (Lucas 9:23). Pensamos que la libertad significa seguir nuestro propio camino. De hecho, la libertad se encuentra al *entregar nuestra vida* al servicio de Dios, quien nos creó, nos conoce y nos ha recibido en comunión con Él. Es en este estado de plena rendición que surge en nosotras el anhelo de obedecer.

Para vivir una vida abundante debemos rendirnos y obedecer. Vamos a donde Dios dice que vayamos. Nos quedamos cuando Dios dice que nos quedemos. Nos inclinamos cuando Dios susurra nuestro nombre. Simplemente servimos cuando Él nos pide que sirvamos.

Tendemos a idealizar el ministerio terrenal de Jesús como si cada momento de su existencia aquí hubiera estado lleno de emoción e incentivo. Sí, definitivamente hubo momentos notables a lo largo de esos tres años, por decir lo menos. Pero aparte de los milagros que Jesús realizó, gran parte de su tiempo lo pasó sentado frente a una o dos o tres personas en una habitación pequeña, con una comida sencilla, hablando sobre el perdón y la gracia. Rendirse y obedecer. Nada llamativo. Nada que generara un "me gusta". Nada que saliera en las noticias de la noche. Solo actos básicos de servicio de alguien que constantemente se inclinaba para satisfacer las necesidades de las personas.

Entonces, limpiamos mesas de desayuno, hablamos con amabilidad de alguien que está siendo criticado, escribimos notas de agradecimiento, creamos archivos, y nos posicionamos en contra de las injusticias. Abrazamos y enseñamos y trabajamos. Hacemos todas estas cosas y mil millones más, todo porque Dios nos impulsa a hacerlo.

Y mientras hacemos estas cosas para la gloria de Dios, no tenemos tanto tiempo para nosotras mismas.

Es la alegría de perderse a uno mismo. Es la carrera que estábamos destinados a correr.

Interrumpimos la espiral del ego y el patrón de complacencia cuando corremos la carrera que tenemos ante nosotras.

El diablo se deleita en distraerte porque sabe que vivir tu propósito aquí es un resultado directo de tu amor por Dios, tu enfoque sincero en Él. Cuando miras a Jesús, deberías sentirte tan conmovida por su amor, por su gracia y por lo que hizo por nosotros, que no puedas contenerte. Así que vas y lo das todo. Así es como se supone que debemos vivir.

La voluntad de Dios para tu vida es vivir en el hermoso equilibrio entre rendición y obediencia, corriendo tu carrera con alegría.

MEDITA:

Y a todos les decía: "Si alguno quiere seguirme, niéguese a sí mismo, tome su cruz cada día, y sígame"
(Lucas 9:23).

RECONFIGURA LA ESPIRAL:

Puedo correr mi carrera con los ojos fijos en Jesús, porque Dios me ha dado todo lo que necesito.

Dios: elijo tomar mi cruz y seguirte hoy por el gozo que ello conlleva. Muéstrame qué significa encontrar el punto dulce de la obediencia y la rendición mientras hago lo que has puesto delante de mí. Amén.

SERVICIO DECIDIDO

EL LIBRO DE HEBREOS NOS INSTRUYE: "liberémonos de todo peso y del pecado que nos asedia, y corramos con paciencia la carrera que tenemos por delante. Fijemos la mirada en Jesús, el autor y consumador de la fe" (12:1-2a). Solía pensar que los tres elementos clave en ese pasaje eran una progresión lineal. Pensaba que necesitaba (primero) desechar mis hábitos de pecado –mis patrones de pensamiento negativos, mis actitudes perjudiciales y mis maneras terriblemente egoístas– para que pudiera (segundo) correr mi carrera y entonces (tercero) finalmente ver a Jesús, quien estaría orgulloso de que hubiera hecho las dos primeras cosas.

Pero así no es como trabaja Jesús. No es que necesitemos deshacernos de nuestro pecado para que podamos correr nuestras carreras y ver a Jesús, sino más bien que necesitamos fijar nuestros ojos en Jesús para, por su ejemplo, ser motivados a correr nuestra carrera y cooperar en esta misión y preocuparnos por las personas por las que Él murió para salvar. A medida que lo hacemos, las cosas que una vez nos enredaron tienden a desvanecerse por completo.

¿Ves qué cambio tan radical es este? Mientras corremos –mientras servimos al prójimo–, nuestro pecado, distracción e impedimentos se desprenden de nuestro interior, lo que solo hace que sea más fácil mantener los ojos fijos en Cristo.

El solo pensamiento –*elijo servir*– nos lleva a arriesgarnos por causa de Jesús, lo que nos lleva a quitar la vista de nosotras mismas y ver las necesidades de los demás, lo que nos lleva a tomar acción, lo que nos lleva a depender más y más de su fuerza, lo que nos lleva a un anhelo más profundo de adorarlo. Eso nos impulsa a anhelar aventuras espirituales aún mayores, lo que a su vez nos lleva a asumir otro riesgo. Ese riesgo nos llevaría a más servicio, dependencia y así sucesivamente.

¡Esa es *la espiral* detrás de la cual quiero ir!

Pero no comenzará hasta que elijamos correr. Hasta que elijamos servir. Hasta que elijamos dejar de priorizar la comodidad personal y en su lugar ayudar a satisfacer las necesidades de los demás.

Amigo: tú y yo tenemos que rechazar de manera decidida la complacencia y anhelar a Dios más que cualquier otra cosa en la tierra. Tal rendición nos libera de cualquier preocupación por cometer errores o no parecernos a quienes nos rodean.

Tal vez has escuchado y creído las mentiras de que tú eres demasiado o inadecuada y que te sentirás mejor simplemente dándote por vencida y viviendo una vida complaciente. Pero ¿quiénes somos nosotras para juzgar si nuestra contribución es significativa o no? ¿Qué tal si empezamos a decir: "¡Voy a hacer lo que sea que tú digas hoy, Dios! Cualquier cosa que digas. Cuenta conmigo". Y si cada una hiciera eso, estoy convencida de que nos sorprenderíamos de las cosas que comenzarían a suceder en nuestra vida y en este mundo.

MEDITA:

Por lo tanto, también nosotros, que tenemos tan grande nube de testigos a nuestro alrededor, liberémonos de todo peso y del pecado que nos asedia, y corramos con paciencia la carrera que tenemos por delante. Fijemos la mirada en Jesús, el autor y consumador de la fe, quien por el gozo que le esperaba sufrió la cruz y menospreció el oprobio, y se sentó a la derecha del trono de Dios **(Hebreos 12:1-2).**

RECONFIGURA LA ESPIRAL:

Puedo correr mi carrera y despojarme de cualquier cosa que limite la obra de Dios en mi vida.

Dios: por favor llévame a tu espiral de adoración, riesgo, servicio, y dependencia de ti. A medida que elijo tu camino, sácame de la complacencia y llévame a tu propósito. Amén.

EL GOZO ANTE JESÚS

Jesús vino en forma humana y fijó sus ojos en el gozo delante de
Él, la alegría de estar con nosotros para siempre, reconciliando a los
hombres consigo mismos. Sabía que la cruz era el camino hacia el
gozo y sabía que su vida existía para salvar a la humanidad. Tenía
una gran misión: salvar al mundo.

Vaciarse a sí mismo era parte de esa misión. Ser santo y perfecto
era parte de esa misión. Tomar la semejanza de los hombres estaba
en esa misión. Hizo todo esto para revelarnos a Dios y para revelar
el camino por el cual seríamos salvados. No se vació solamente en la
cruz; toda su vida también decía: "¡Así es como van a vivir!".

A menudo vamos a Jesús y lo hacemos el Salvador de nuestra
alma, pero no lo vemos como nuestro modelo de vida. Entonces,
¿cómo es vivir con esta mentalidad, ser determinadas, tener un enfoque, tener el mismo corazón y vivir bien la vida?

Te conviertes en una sierva. Consideras los intereses de los demás por encima de los tuyos. Haces lo que Dios dice que hagas.

La Escritura es clara en que Jesús "no vino para ser servido, sino para servir, y para dar su vida en rescate por muchos" (Marcos 10:45). Y no hay una demostración más grande de esta verdad que Jesús humillándose a sí mismo, dejando el cielo para venir a la tierra en forma de un bebé vulnerable, sufriendo acusaciones injustas y soportando la muerte en una cruz romana.

La carrera que se presentó ante Jesús involucró vaciarse a sí mismo, tomar sobre sí el pecado pasado, presente y futuro de toda la humanidad y pasar tres días en un sepulcro. Y, aun así, hizo todo eso sin perder nunca el gozo.

Jesús sabía que su carrera se centraba en una misión que era grande.

Sabía que su carrera lo llevaría directamente a la cruz.

Pero aquí hay algo más que sabía: cumplir con la misión que Dios le había pedido que llevara a cabo era el mejor uso posible de su vida.

"Por el gozo que le esperaba". Esa alegría es real y también vendrá para nosotras. Tenemos un futuro y una esperanza. Fuimos liberados para servir, para que nuestra vida conduzca a todas las personas hacia el gozo que tenemos ahora y el que está por venir.

No puedo pensar en una mejor manera de vivir.

MEDITA:

Fijemos la mirada en Jesús, el autor y consumador de la fe, quien por el gozo que le esperaba sufrió la cruz y menospreció el oprobio, y se sentó a la derecha del trono de Dios. Por lo tanto, consideren a aquel que sufrió tanta contradicción de parte de los pecadores, para que no se cansen ni se desanimen **(Hebreos 12:2-3).**

RECONFIGURA LA ESPIRAL:

Mi misión es servir como Jesús.

Jesús: gracias por el gozo que tienes preparado para mí. Gracias por el sacrificio que hiciste. Oro para que uses mi vida mientras elijo servir a la humanidad como lo hiciste Tú, con gozo y determinación en el Padre. Amén.

SAL AL CAMPO DE JUEGO

PRUEBA ESTO: HAZ UN RÁPIDO INVENTARIO DE TUS PENSAMIENTOS. ¿Cuántos de tus pensamientos en los últimos veinte minutos fueron sobre ti de alguna forma? ¿Sobre lo que sientes, tus frustraciones, preocupaciones o dudas? Tal vez estabas pensando en cómo ayudar a los niños en Etiopía. Si es así, me encanta eso de ti. Sigue así. Si estabas pensando en ti misma, quédate conmigo un momento.

Los pensamientos centrados en uno mismo son un terreno fértil para todo tipo de espirales y nos adormecen en la autocomplacencia. Nos involucramos en hacer nuestra existencia más cómoda, tanto que nos perdemos la vida y en lugar de eso nos sentamos en las butacas de la tribuna. Déjame decirte que el antídoto contra la complacencia y el arma por excelencia contra ella es el servicio. Es entrar en el juego y negarse a quedarse en las líneas laterales. Es servir a Dios.

Quizás sientas ganas de retroceder y tomar asiento porque no sabes exactamente qué hacer para servir. Te abruma. Te preguntas: "¿Cómo es esto de usar mis dones para ayudar a las personas? No sé en qué soy buena. No sé qué es lo que Dios quiere que haga".

¿Sabes qué? Hay necesidad justo delante de tus ojos. No tienes que salir a buscar algún llamado misterioso o un campo de misión. Dios te ha llamado a un campo de misión justo donde estás. ¿Cuál es la necesidad en tu vecindario? ¿Cuál es la necesidad de tus hijos? ¿Cuál es la necesidad en la vida de los amigos de tus hijos? ¿Y en tu matrimonio? ¿La de tus amigas? Mira justo delante de ti y satisface la necesidad. Mientras lo haces, puedes sentir un estiramiento. Para algunas de nosotras, el servicio va en contra de nuestro instinto. La mayoría no nos despertamos por la mañana pensando: "¿Cómo puedo ayudar a las personas hoy?". Pero aquellas que lo hacen, saben que es delicioso ayudar. Es una gran forma de vivir.

El poder sobrenatural del servicio es que no estás tan enfocada y obsesionada contigo misma. Cuando cambias tu mirada, puedes ver que hay un plan más grande para tu vida que construir tu comodidad. Puedes interrumpir la espiral del yo y el patrón de la complacencia cuando rediriges tanto tus pensamientos como tus acciones hacia los demás. Cuando te levantas, despiertas y saltas al campo, sea cual sea el campo que tengas delante.

Así que considera, ¿qué podría pasar si entraras en el campo de acción hoy?

MEDITA:
Todo lo que te venga a la mano hacer, hazlo según tus fuerzas **(Eclesiastés 9:10).**

RECONFIGURA LA ESPIRAL:
La oportunidad perfecta para servir está justo delante de mí.

Dios: por tu Espíritu, llévame al trabajo que tienes para mí, justo delante de mi nariz. Confío en que puedes usar mis acciones para bien, a la vez que me levanto y elijo amar a los demás en el lugar donde me has puesto. Amén.

COMPARTIR A CRISTO

Temo que hayamos idealizado lo que significa seguir a Jesús. Pensamos que sucede en escenarios y en libros y en podcasts, pero tiene lugar alrededor de mesas, en vecindarios y en salas de estar. De hecho, apuesto a que las cinco personas que más han cambiado tu vida estaban cara a cara contigo, invirtiendo tiempo en ti.

El mundo que nos rodea tiene hambre y sed, está lleno de individuos que anhelan que su existencia tenga sentido. Tus vecinos pueden estar atravesando un divorcio, la muerte de algún hijo o un abuso y pueden estar rezando por la noche para que exista un Dios. Tú puedes llevarlo a ellos. No te pierdas el gozo de dar a conocer a Dios a la gente. Para eso fuimos creadas. Podemos usar nuestros dones, de alguna manera, en cualquier lugar, en cualquier momento. Olvídate del tamaño o los números de tu iglesia o tu alcance en las redes sociales. Olvídate de cómo puedes lucir o si eres capaz de hacer que todo se vea bien. Compartir a Dios no tiene que ser perfecto y hasta puede ser complicado, siempre y cuando Dios esté presente.

Tenemos muchas excusas sobre el porqué Él nunca podría moverse a través de nosotras y eso nos mantiene en un lugar de complacencia. Todavía estoy luchando contra estas mentiras: "No soy suficiente. No tengo lo suficiente. No hay lo suficiente".

Pero luego pienso en ser parte de esta historia épica de Dios y en el regalo de poder ayudar a llevar su libertad a la gente en la tierra. ¿Puedes imaginarlo?

Él te está esperando. Quiere actuar de manera increíble a través de ti. ¿No te sientes a la altura? Eres exactamente lo que Dios está buscando. Eres a quien Él persigue. Él nos quiere a ti y a mí: las perdedoras, las quebrantadas, las pecadoras, aquellas que saben y aceptan cuán grande es su necesidad de Él. Así es como Él obra. Cada persona en la Biblia, aparte de Jesús, estaba rota, tenía miedo, inseguridad, temor, estaba ocupada y no tenía suficiente tiempo, dinero, energía o suficiente de nada, sin embargo, Dios actuó a través de ellos para cambiar la historia.

Tal vez te preguntes cómo Dios podría cambiar la historia a través de ti. Tal vez te sientas rota, con miedo, insegura, temerosa, ocupada e inadecuada, pero recuerda que nuestra debilidad nunca ha sido un problema para Dios. Y a veces incluso los momentos más pequeños son los que Él usa para cambiar vidas. Podría ser que invites a un vecina a tomar un café o envíes una nota escrita a mano de aliento a una compañera de trabajo. Podría significar pagar el almuerzo de un desconocido o renunciar a tu tiempo de Netflix para jugar un juego de mesa con tus hijos. Incluso podría ser sentarse con una persona, abrir la Biblia y decir: "¿Conoces a Jesús?". Ese es un pequeño paso que tiene un gran impacto.

De estas y otras formas sencillas, la eternidad se ve afectada por el poder de Jesús que trabaja a través de ti. Y la única forma en que puedes disfrutar del trabajo y la alegría que Él tiene para ti aquí es vivir con Él y para Él.

MEDITA:

Nos salvó, y no por obras de justicia que nosotros hubiéramos hecho, sino por su misericordia, por el lavamiento de la regeneración y por la renovación en el Espíritu Santo
(Tito 3:5).

REPROGRAMA LA ESPIRAL:

Puedo compartir a Dios exactamente donde estoy hoy.

Dios: gracias por usarme, renovarme y llenarme lo suficiente como para poder compartirte con otros. Porque Tú eres suficiente, ayúdame a resolver no dejarme detener por nada hoy. Amén.

TOMA UN RIESGO

La complacencia es una espiral que quizás no lo parezca. En cambio, luce segura. Y todas queremos sentirnos seguras, ¿verdad? ¿Por qué arriesgar nuestra comodidad por lo desconocido? Porque al otro lado de un riesgo orientado hacia Dios, basado en las Escrituras, está todo lo que estamos buscando: cercanía a Jesús, mayor fe en su poder, experiencias y relaciones más profundas y ricas, y satisfacción y disfrute en la corta vida que se nos ha dado.

Nuestro corazón naturalmente se inclina hacia la autoprotección y se aleja del riesgo. Aunque en lo más profundo de nuestra alma anhelamos la aventura, en algún momento del camino, muchas de nosotras hemos sofocado ese anhelo, prefiriendo quedarnos con expectativas conocidas y resultados controlados y predecibles. Hemos perdido nuestra capacidad de arriesgar, de explorar, de inventar, de crear y de adentrarnos en experiencias nuevas y aterradoras y en cambio hemos creado una vida segura donde nuestro mayor objetivo es estar a la altura, ser aceptados y ser suficientes.

Pero Jesús vive al otro lado de nuestras zonas de confort. Cuando estamos demasiado cómodas, empezamos a perder la necesidad de Dios. Por eso, creo que debería haber un riesgo en la obediencia que honra a Dios todos los días. Y a medida que salimos de la caja que hemos construido alrededor y comenzamos a servir, nuestro corazón despierta. El Espíritu de Dios nos impulsa hacia una aventura salvaje e incontrolable, incluso si se desarrolla en las partes "comunes y cotidianas" de nuestra vida.

Cada vez que nos arriesgamos, nos ponemos en las manos de Dios y queda demostrada su suficiencia. Es por nuestra libertad y gozo que nos levantamos y vamos más allá de los límites y confines de nuestra comodidad. Para experimentar la suficiencia de Dios, debemos tomar riesgos voluntariamente para la gloria de Dios.

Me encanta que Jesús nos enseñe acerca de dónde vendrá nuestra abundancia antes de llamarnos a arriesgarnos. No será a través de nuestro poder y esfuerzo que algo sucederá. El riesgo obediente que debemos asumir simplemente será que nos apoyemos en su abundancia, en su amor, creyendo que Él obrará, y creyendo que tomará cualquier situación y cualquier día normal o hasta aburrido y provocará un cambio de vida.

Así es como se mueve el Espíritu.

¿Hay un riesgo que Él te está llamando a tomar? ¿Hay alguien fuera de tu círculo para intentar hacerte amiga? ¿Hay alguien a quien necesites contarle acerca de Cristo? ¿Hay alguien a quien tienes que perdonar? ¿Hay una necesidad que debas suplir? Elige correr el riesgo y hazlo, sabiendo que no hay nada más seguro que poner el propósito de tu vida en manos de un Dios eterno, amoroso y firme.

MEDITA:

No que seamos suficientes de nosotros mismos para pensar algo como de nosotros mismos, sino que nuestra suficiencia es de Dios

(2 Corintios 3:5, RVA).

RECONFIGURA LA ESPIRAL:

Puedo arriesgarme a servir a las personas que Dios ha puesto en mi vida, porque Él lo vale.

Jesús: cuando los patrones de mi mente me llevan hacia la complacencia, lléname de ese sentido de aventura que me lleva a arriesgar mi comodidad por tu verdadero gozo. Tú eres más que suficiente. Amén.

AMAR AL PRÓJIMO ALIMENTA EL ESPÍRITU

¿No estás agradecida por las cosas que te sacan de la complacencia? Pienso en cuántas veces me han obligado a mover mi trasero debido a que tengo demasiadas cosas que hacer. En esos días, me encantaría encerrarme y ver tres temporadas seguidas de alguna serie relajante en la televisión, pero la verdad es que tengo que cumplir con un plazo o hay alguien que me necesita o tengo una reunión para servir a una organización que es importante para mí.

Deberíamos reconocer la bendición de tener cosas que nos impulsen a levantarnos de la cama y alejarnos de las pantallas en cualquier día común y corriente. Porque algo sucede cuando tomamos demasiado tiempo de descanso: empezamos a caer en la espiral. Cuando no tengo suficiente que hacer, me vuelvo egoísta, complaciente y me torno perezosa y materialista. Alimento mi carne y ella crece.

Pero, en cambio, cuando alimento el espíritu, es él quien crece y el servicio alimenta al espíritu. El sacrificio alimenta al espíritu. Esa es una elección que podemos hacer todos los días.

Ahora, no estoy hablando de elegir el sacrificio por el simple hecho de sacrificar ni hablo de sufrir por deporte o de privarnos del descanso. Estoy hablando de sacrificio y servicio obediente, entregado y arriesgado para la gloria de Dios. Es cierto, es una forma más difícil de vivir porque va en contra de nuestra carne y de lo que queremos hacer con nuestra propia libertad. Pero te estoy diciendo que así es como fuimos creadas para vivir; no somos felices ni libres de ninguna otra manera.

¿Quieres que tu mente esté libre? Acepta lo que te saca del ensimismamiento. Ve a servir a la gente. Con el tiempo, saldrás de debajo de la idolatría a ti misma y tu mente comenzará a cambiar. Cuando observamos nuestros pensamientos —que quizás estamos empezando a adormecernos o a espiralizar alrededor de nosotras mismas y de nuestra comodidad— tenemos la libertad de hacer algo al respecto. No tenemos que sentir vergüenza o barrerlo bajo la alfombra. No estamos impotentes en contra de esto; podemos tomar el poder de decisión que Dios nos ha dado, dejar de ser tan egoístas y complacientes y salir a cambiar el mundo. Eso es lo que Dios quiere para nosotras. Él tiene un plan para que cambiemos nuestras circunstancias y nuestra mente para que podamos cambiar nuestro mundo. Y a medida que tomamos pequeñas decisiones de servir a los demás, el mundo cambia poquito a poco.

No te preocupes si no te sientes preparada. El Espíritu Santo está en ti. Dios te ama, está luchando por ti y está contigo. A medida que comiences a controlar tu mente y salir de tus pensamientos tóxicos y a servir, Él te ayudará a dar pasos más grandes para su reino y su gloria.

MEDITA:
El que reanima a otros será reanimado
(Proverbios 11:25, NVI).

RECONFIGURA LA ESPIRAL:
Mis pequeñas decisiones de servir traen alegría y conexión.

Dios: quiero tomar tu mano y que me ayudes a salir de la complacencia hoy mismo. Ayúdame a mantenerme cerca de ti y a ser guiada para cambiar el mundo en tu fuerza con mis decisiones. Amén.

LA VID

HOY QUIERO LANZARTE AL MUNDO CON UNA VISIÓN MUY CLARA de cómo podemos vivir el asombroso llamado de Dios para nuestra vida. Juan 15 lo expone de una forma muy hermosa y quiero que escuches las palabras de Jesús de ese capítulo de una manera nueva y personal. Así es como veo su corazón y su visión para ti a través de esas palabras a sus discípulos y lo que Él nos diría a nosotras:

Hija mía: te he enseñado tanto, te he mostrado tanto, pero quiero dejar en claro lo más urgente. Quiero que entiendas lo que significa hacer esta vida sin mí aquí a tu lado. Confía en mí, es mejor si me voy. Enviaré un Ayudante que te llenará, te equipará, te recordará la verdad y estará contigo.

Esta relación conmigo apenas comienza. Permíteme decirte cómo disfrutarla a medida que transcurre y se desarrolla tu vida. Porque aquí, en este mundo, tendrás problemas. Pero ten ánimo: Yo he vencido al mundo.

¿Recuerdas cuando caminábamos juntos por los viñedos? Vimos al viñador podando las ramas. Así es como el Padre cuida de ti, podándote. Es doloroso y puede parecer injusto a veces, pero Él solo poda las ramas que ama. No temas al dolor; recíbelo y observa cómo produce mucho más fruto a través de ti.

No te esfuerces por producir fruto: es imposible. Yo soy la vid y la fuente; tú eres simplemente las ramas, unidas a mí. A medida que te mantienes cerca de mí, en intimidad, te inundaré de alimento, de vida, de paz y alegría, y tus pequeñas ramas darán un abundante fruto. Así es como funciona.

Si no permanecemos conectados, te marchitarás. Te sentirás vacía, sedienta y abrumada con esta vida y cargando tu pecado. Incapaz de sostenerte por ti misma, ciertamente no podrás ayudar a nadie más. Pero si permaneces en mí y cerca de mí, no solo te daré agua y vida, sino que formaré en ti frutos saludables y vivificantes. El vino que rebosa, el manantial de agua que brota, el pan milagroso para el hambriento, la sanidad y el descanso que anhelas, el poder y la esperanza sobre la muerte, todo esto se derramará en ti y a través de ti hacia un mundo hambriento y sediento.

Pero nunca olvides dónde se encuentra todo esto y mucho más.

Recuerda: solo en mí, conmigo, a través de mí. Es por mí que tienes vida para disfrutar y dar.

Jesús

MEDITA:
Yo soy la vid y ustedes los pámpanos; el que permanece en mí, y yo en él, éste lleva mucho fruto; porque separados de mí ustedes nada pueden hacer **(Juan 15:5).**

RECONFIGURA LA ESPIRAL:
Cuando me mantengo cerca de Jesús, Él fluye a través de mí.

Jesús: Tú eres mi vid. Ayúdame a permanecer sujeta a ti durante cada minuto de este día, para que puedas derramarte en el mundo a través de mí. Amén.

GRACIA INFINITA

EN UNA SESIÓN DE CONSEJERÍA, MI CONSEJERA ME DIJO: "Jennie, me parece que usas mucho la palabra 'debería'. Me pregunto cuánto te dices eso a ti misma sobre tu día y sobre las cosas que estás haciendo en tu vida".

¿Sabes qué le respondí? ¡Mucho!

Debería estar haciendo mejor las cosas a estas alturas. Debería llevar cautivo todo pensamiento. Debería tomar mejores decisiones y caer cada vez menos en la espiral dañina. Debería, debería, debería.

Quizás sea hora de que todas nos tomemos un descanso del "debería" y respiremos un poco de gracia. Espero que sientas la gracia de Dios hoy, que descanses en ella, incluso mientras reconoces que también deseas cosas diferentes para tu vida y para la salud de tu mente. No porque Dios te reprenderá si no lo haces, sino porque así es como fuiste creada para vivir, especialmente como nueva criatura.

No le perteneces al pecado. No estás cómoda en tu estancamiento. Fuiste creada para llevar a cabo una misión que Dios ha preparado de antemano para ti. Y mientras lo haces, llegas a conocer el deleite en tu relación con Dios mientras andas junto a Él. Deleite y gracia también.

Es cierto, algunos días necesitas un jefe. Algunos días no necesitas compasión. Precisas de alguien que te agarre por los hombros, te mire fijo a los ojos y te diga: "¡Detén esa espiral! Puedes hacerlo. Puedes detenerte". Y eso es verdad. La Escritura incluso nos habla de esa manera en muchos casos. Gracias a Dios por eso. Pero otros días necesitamos amabilidad y compasión para guiarnos hacia una relación más profunda con Dios. Necesitamos a alguien que nos diga: "Sí, ¡detente! Pero cuando no puedas, cuando sientas que estás girando de nuevo en lo mismo, recuerda que Dios te ama y quiere ayudarte".

No eres especialmente complicada porque estés en dificultades una y otra vez. De hecho, toda la Biblia trata sobre personas que seguían metiendo la pata. Jesús incluso nos ordena que seamos pacientes los unos con los otros y que nos perdonemos "setenta veces siete". Esa declaración insinúa la idea de que nuestra necesidad de gracia es interminable, y que tenemos que ser compasivos y amables los unos con los otros y con nosotros mismos, una y otra vez. Un día seremos perfectos y completos, pero no será en esta tierra.

Así que, cada vez que empieces a sentirte golpeada y cansada, no dejes de elegir lo verdadero. En cambio, encuentra compasión y gracia en los demás, en tus relaciones y especialmente con Dios, mientras luchas. Porque no siempre necesitarás una solución o un "debería", pero siempre necesitarás la gracia de Dios: para recibirla y para darla.

MEDITA:

Entonces se le acercó Pedro y le dijo: "Señor, si mi hermano peca contra mí, ¿cuántas veces debo perdonarlo? ¿Hasta siete veces?". Jesús le dijo: "No te digo que hasta siete veces, sino hasta setenta veces siete"

(Mateo 18:21–22).

RECONFIGURA LA ESPIRAL:

Incluso cuando fallo, Dios no me abandonará ni se dará por vencido conmigo.

Padre: lávame con tu gracia, confórtame con tu amor. Me volveré a ti una y otra vez, sabiendo que tu amor es inagotable. Amén.

LA
VIDA FUERA
DE LA
ESPIRAL

PENSAR CON LA MENTE DE CRISTO

¿QUIÉN PUEDE ENTENDER COMPLETAMENTE cómo pasamos de ser esclavos del pecado a ser hijos de Dios? Probablemente estaremos tratando de asimilar esta asombrosa verdad hasta que lleguemos al cielo. Pero debemos intentarlo, porque cambia nuestra identidad.

Como hijas de Dios, llenas del Espíritu Santo, *tenemos* la mente de Cristo (1 Corintios 2:16). El problema es si la estamos *usando* para pensar los pensamientos que Jesús podría tener. ¿Estamos capturando cada pensamiento y entrenando nuestra mente diariamente en los caminos correctos? ¿Estamos tomando decisiones para cambiar nuestra mentalidad de pensamientos derrotistas y denigrantes a la verdad sobre Dios y la verdad sobre nosotras mismas?

Pensar con la mente de Cristo significa que:

Porque Jesús confió en el Padre celestial en su momento más profundo de dolor antes de ir a la cruz, tú puedes elegir dejar de tener miedo de lo que te depara el futuro y confiar en Dios. *Puedes elegir confiar antes que temer.*

Porque Jesús se apartaba de las multitudes para estar con su Padre, tú puedes elegir estar en silencio a solas con Dios en lugar de distraerte. *Puedes elegir quietud antes que ruido.*

Porque Jesús tenía todas las razones para desconfiar de los demás, pero amaba incluso al recaudador de impuestos y la prostituta, tú puedes elegir deleitarte en Dios y en las personas que te rodean. *Puedes elegir deleite antes que cinismo.*

Porque Jesús se hizo siervo al tomar la forma humana, tú puedes elegir servir a Dios y a los demás antes que a ti misma. *Puedes elegir la humildad antes que estar ensimismada en tus propios asuntos.*

Porque Jesús ganó la victoria sobre el pecado y la muerte, tú puedes elegir estar agradecida, no importa lo que la vida traiga. *Puedes elegir la gratitud antes que el victimismo.*

Porque Jesús eligió vivir en comunidad con doce hombres antes de ascender al cielo, tú puedes elegir dejar que las personas te conozcan en lugar de aislarte. *Puedes elegir conexión antes que aislamiento.*

Porque Jesús no se detuvo en la cruz, sino que nos prometió al Espíritu Santo como nuestro Ayudante, tú puedes elegir salir y hacer algo. *Puedes elegir servicio antes que autocomplacencia.*

Porque Jesús hizo estas cosas, tú y yo podemos elegir hacer lo mismo.

MEDITA:

Pero cuando se cumplió el tiempo señalado, Dios envió a su Hijo, que nació de una mujer y sujeto a la ley, para que redimiera a los que estaban sujetos a la ley, a fin de que recibiéramos la adopción de hijos (...) Así que ya no eres esclavo, sino hijo; y si eres hijo, también eres heredero de Dios por medio de Cristo

(Gálatas 4:4-5, 7).

RECONFIGURA LA ESPIRAL:

Puedo elegir la mente de Cristo.

Jesús: Tú allanaste el camino hacia la libertad. Gracias por hacer posible liberar mi mente de las espirales que me arrastran hacia abajo simplemente eligiéndote a ti. Por favor, llévame por tus caminos mejores hoy. Amén.

EL OBJETO DE NUESTRA ATENCIÓN

EN UNA DE MIS HISTORIAS BÍBLICAS FAVORITAS, leemos que Jesús "hizo que sus discípulos entraran en la barca y que se adelantaran a la otra orilla" en un lago, mientras Él despedía a las multitudes de personas a las que acababa de alimentar milagrosamente (Mateo 14:22). Después de eso, se fue a orar. Más tarde, esa misma noche, se les presentó a los que estaban en la barca, caminando sobre el agua, con el viento y las olas rugiendo a su alrededor. Los discípulos pensaron que era un fantasma al principio, pero entonces Él dijo: "¡Ánimo! Soy yo. ¡No tengan miedo!" (versículo 27).

Pedro, tan decidido como era, le pidió a Jesús que lo invitara a ir hacia Él andando sobre el agua. Jesús estuvo de acuerdo, así que Pedro salió de la barca. "Pero al sentir la fuerza del viento, tuvo miedo y comenzó a hundirse. Entonces gritó: '¡Señor, sálvame!'. Al momento, Jesús extendió la mano y, mientras lo sostenía, le dijo: '¡Hombre de poca fe! ¿Por qué dudaste?'. Cuando ellos subieron a la barca, el viento se calmó. Entonces los que estaban en la barca se acercaron y lo adoraron, diciendo: 'Verdaderamente, tú eres Hijo de Dios' (Mateo 14:30-33).

Esa imagen de Pedro con un enfoque singular en el rostro de Cristo, dando pequeños pasos sobre las crestas de las olas, es poderosa. Y somos nosotras. En nuestra vida, a pesar del viento, la lluvia, la incertidumbre y el miedo, cuando nuestros ojos están fijos en Jesús, podemos caminar sobre –y no debajo– de esas olas. ¡Cuando cambiamos de los pensamientos que nos distraen y elegimos fijar nuestros pensamientos de manera única en Él, todo cambia!

Pero no fue la fuerza o la voluntad de Pedro lo que lo mantuvo a flote; fue el objeto de su atención: el rostro de Jesús.

Si pensamos en Cristo, si nos enfocamos y estamos consumidos por Él, entonces todo lo demás se vuelve extrañamente tenue. Pero el enemigo quiere que te enfoques en cualquier cosa menos en Jesús. Porque nos volvemos realmente peligrosos cuando nos enfocamos en una sola cosa. Pedro lo hizo. Cuando eso sucedió, la iglesia comenzó a existir, miles fueron salvos y comenzaron a seguir a Jesús, naciones enteras fueron evangelizadas y generaciones fueron cambiadas para siempre.

Tal vez estés pensando: "Bueno, eso está genial para Pedro. Pero antes de poder cambiar el mundo, me gustaría dejar de sentir tanta ansiedad". Lo entiendo, créeme. Pero parte de dejar de sentir ansiedad es encontrar una razón completamente diferente para vivir. Cuando Cristo es nuestro premio y el cielo es nuestro hogar, nos volvemos menos ansiosas porque sabemos que nuestra misión, nuestra esperanza y nuestro Dios no nos pueden ser arrebatados. Cuando nos enfocamos en Él, podemos avanzar.

MEDITA:

Jesús extendió su brazo, [y] agarró a Pedro **(Mateo 14:31, TLA).**

RECONFIGURA LA ESPIRAL:

Enfocarme en Jesús renueva mi mente.

Jesús: Tú eres mi premio. Ayúdame a enfocarme en ti hoy, avanzando con determinación a través de lo que sea que se cruce en mi camino. Amén.

MENTES CONTAGIOSAS

¿ALGUNA VEZ TE "CONTAGIASTE" DE LA MALA ACTITUD DE ALGUIEN? ¿O experimentaste que la buena actitud de alguien cambie por completo el rumbo de tu día? ¿Alguna vez has hecho un esfuerzo por elevar el ambiente en una habitación y has visto cómo otros responden a ello? La cuestión es que la mente es contagiosa y esto se extiende a niveles más profundos de lo que pensamos. Al buscar la libertad en nuestros pensamientos llevamos a los demás al hecho de que la libertad es posible.

Todo este proceso de detener los pensamientos en espiral se reduce a que nuestros pensamientos estén completamente consumidos por la mente de Cristo. Esto es importante porque nuestros pensamientos dictan nuestras creencias, que a su vez nos dictan acciones, que forman nuestros hábitos, que componen la suma de nuestra vida. Como pensamos, así vivimos. Cuando pensamos en Cristo, vivimos sobre la base de Cristo, con nuestra mirada fija e inamovible en Él. Pero no se detiene con nosotros: el objetivo no es solo una mente sana dentro de tu cabeza, por hermoso que pueda ser. Es una mente sana en un ecosistema de otras personas.

Esta es mi oración para nosotras. Si miles de individuos comienzan a elegir mejor, a controlar su mente y a cambiar sus espirales por la mente de Cristo, esta forma de pensar puede volverse contagiosa y podríamos ver a una generación liberada.

Yo creo que es posible y oro para que así sea.

Sigue adelante, amiga mía. "Y no adopten las costumbres de este mundo, sino transfórmense por medio de la renovación de su mente, para que comprueben cuál es la voluntad de Dios, lo que es bueno, agradable y perfecto" (Romanos 12:2). ¿Por qué? ¿Por qué importaría tanto discernir la voluntad de Dios? Porque Él no solo está detrás de tu libertad, sino que preparó buenas obras de antemano (Efesios 2:10) para que muchas otras personas también puedan ser libres a través de ti.

Cuando llevas cautivo cada pensamiento y quitas de tus patrones de pensamiento las mentiras del enemigo, eres liberado para liberar a otros. Que puedas administrar bien tu libertad.

MEDITA:
Nosotros somos hechura suya; hemos sido creados en Cristo Jesús para realizar buenas obras, las cuales Dios preparó de antemano para que vivamos de acuerdo con ellas
(Efesios 2:10)

RECONFIGURA LA ESPIRAL:
Mis pensamientos pueden dar vida a otros.

Dios: te pido que me hagas libre. En tu poder, ayúdame a luchar contra el enemigo que está empeñado en destruirme, y ayúdame a recordar que tengo el poder de elegir un camino diferente. Y luego ayúdame a compartirlo con un mundo que anhela una nueva forma de vivir y pensar. En el nombre de Jesús, amén.

SI YO FUERA TU ENEMIGO

Si yo fuera tu enemigo, esto es lo que haría: te haría creer que eres impotente frente tus pensamientos en espiral. Te haría creer que eres insignificante. Te haría creer que Dios quiere tu buen comportamiento más que la libertad para tu mente.

Pero ahora eres sabia ante esto. Estás leyendo la Palabra y de rodillas, eligiendo y luchando y mirando hacia Jesús y escogiendo la mente de Cristo. Dios está actuando a través de ti y te estás volviendo peligrosa. Eres libre y estás guiando a otras personas hacia la libertad. Las viejas mentiras ya no son eficaces.

Así que, si yo fuera tu enemigo, te adormecería y te distraería de la historia de Dios. Atraería tu atención con tecnología, redes sociales, Netflix, viajes, comida y vino, comodidad y ruido. No te tentaría con cosas notablemente malas o te resultaría sospechoso. En cambio, te distraería con comodidades cotidianas para hacerte olvidar de Dios. Entonces comenzarías a amar la distracción y la complacencia más que la paz, el servicio y amar a los demás.

Si eso no funcionara, atacaría tu identidad. Te haría creer que tienes que demostrar que eres valiosa. Entonces te enfocarías en ti misma en lugar de centrarte en Dios. Tus amigas se convertirían en enemigas; tus compañeras de equipo se convertirían en competencia. Te aislarías y pensarías que no eres suficiente. Te deprimirías y no estarías agradecida por tu historia. O te compararías y creerías que eres mejor que las demás. Te volverías cínica y condenarías a los otros en lugar de amarlos y aceptarlos. De cualquier manera, perderías el gozo, porque tus ojos estarían fijos en ti misma y en la gente en lugar de mirar a Jesús.

Y si eso no funcionara, **te intoxicaría con la misión de Dios en lugar de con Dios mismo.** Entonces adorarías una causa en lugar de adorar a Jesús. Lucharías contra otros para obtener los roles más importantes. Te lastimarías intentándolo. Pensarías que el éxito se mide por los resultados que ves. Entonces todo tu tiempo y esfuerzo se gastarían en mantener tu importancia personal en lugar de conocer a Jesús y amar a las personas.

Y si eso no funcionara, **te haría sufrir.** Entonces tal vez pensarías que Dios es malo y no bueno. Tu fe se reduciría y **tu temor y ansiedad** crecerían. Te volverías amargada, te sentirías fatigada, yendo en espiral hacia la **victimización** en lugar de florecer, crecer y volverte más como Cristo.

El enemigo te está diciendo que esas espirales descendentes son simplemente la forma en que son las cosas, pero tenemos el poder de detenerlas a través de Jesús, por medio de su poder, su victoria, su verdad y su mente. Recuerda, tenemos la opción de cambiar en qué fijamos nuestra mente.

MEDITA:
Sean prudentes y manténganse atentos, porque su enemigo es el diablo, y él anda como un león rugiente, buscando a quien devorar **(1 Pedro 5:8).**

RECONFIGURA LA ESPIRAL:
No soy impotente ante el enemigo; Jesús me da siempre la victoria.

Jesús: dame fuerzas hoy para decirle al enemigo: "¡Ya basta! Elijo la tranquilidad, el servicio, el asombro y la conexión. Elijo la humildad, la gratitud y la confianza. Elijo a mi Jesús". Amén.

SUFICIENTE

Por muchos años he tenido una voz en mi cabeza que me decía: "No soy suficiente". ¿Será posible que escuches esa misma voz?

Todos luchamos con sentimientos de insuficiencia o ineptitud. Andamos por ahí temerosas de no estar a la altura, de no dar la talla. Nos creamos estrategias de autoestima parecidas a jugar a disfrazarse: "¡Mírame! ¡Lo tengo todo bajo control! ¿Cómo estoy? ¡Bien, gracias! ¡No me estoy desmoronando en absoluto!", pero en lo más profundo de nuestro ser, sabemos que es algo fingido. No somos suficientes. Así que pasamos nuestra vida tratando de hacer lo mejor que podemos.

Pero Dios tiene una historia diferente para nosotros, una en la que el alma está satisfecha, la mente está en paz y se desarrollan historias épicas en nuestra vida aquí, pero no por nosotras.

A pesar de nosotras.

¿Y si hubiera una historia en la que los que no son suficientes, los que reconocen que no están a la altura, son precisamente los que el Dios del universo elige para moverse de manera extraordinaria en y a través de ellos?

¿Y si hoy te dijera que podrías dejar de esforzarte tanto y simplemente descansar? ¿Y si hoy te dijera que podrías empezar a disfrutar de ti y de tu vida sin actuar, esforzarte o intentar controlar tus pensamientos por un minuto más?

¿Y si te dijera que no estás a la altura y que está bien? De hecho, es necesario.

La verdad es que esta batalla por tu mente requiere más de lo que puedes hacer. Al igual que tus circunstancias, desafíos y cosas por las que tú y tus seres queridos estén pasando. Todo es demasiado para nosotras, pero no para Dios. Él nos da otra opción: ¿Cómo avanzaremos? ¿Esforzándonos, fingiendo, con nuestras fuerzas o en libertad?

Mi sueño es que mires a tus peores miedos de frente y descubras que tu Dios es suficiente para ellos. Mi oración es que empieces a disfrutar de la libertad que viene cuando dejas de intentar demostrar quién y qué eres y le entregas lo que está fuera de tu control al Único que está en control.

Nos esforzamos por ser vistas, por ser reconocidas, por importarles a los demás. Estamos desesperadas por creer que estamos haciendo un buen trabajo en lo que se nos ha confiado.

Pero no somos suficientes. No somos Dios. No tenemos todas las respuestas, toda la sabiduría, toda la fuerza o toda la energía. Somos seres finitos y pecadores. Y está bien.

De hecho, es esta confesión la que desencadena la libertad que estamos anhelando: "No soy suficiente. Así que elijo descansar en la entrega a Aquel que sí lo es".

MEDITA:

Pero él me ha dicho: "Con mi gracia tienes más que suficiente, porque mi poder se perfecciona en la debilidad"
(2 Corintios 12:9).

Dios Padre: es posible que hoy no sea suficiente, pero sé que Tú sí lo eres. Muéstrame el equilibrio entre dónde debo actuar y dónde debo descansar en tu suficiencia, sostenida por tu fuerza. Amén.

RECONFIGURA LA ESPIRAL:

No tengo que ser suficiente, porque Dios lo es.

DÍA
95

AGUA VIVA

RARAMENTE VAMOS A TOMAR ALGO A MENOS QUE TENGAMOS SED. Pero cuando tenemos sed, conocemos las señales. Eso se debe a que Dios creó de ese modo nuestros cuerpos para que indicaran nuestra sed de agua y, nuestra alma, para indicar cuando tenemos sed de agua espiritual viva. Sentir sed por Dios es uno de los mayores regalos de Dios para nosotras. Reconocer nuestra necesidad de Dios es el comienzo de encontrarlo. Mientras luchamos por la libertad en nuestra mente, debemos mantenernos completamente hidratados en esas corrientes de agua viva de Dios.

En el versículo de hoy, de la boca de Jesús la frase original en griego indica que estas corrientes de agua viva fluirán "de su ser interior" o "de su vientre", es decir, desde lo más profundo de nosotros. Así que Jesús les está diciendo a todos los sedientos: "Vuélvanse a mí y los seguiré satisfaciendo. Y de esa vida conmigo, desde lo más profundo de tu ser, el amor se desbordará y traerá vida a otros".

Estoy convencida de que nuestra perspectiva cambiará a medida que juntas veamos el patrón de Jesús diciéndonos una y otra vez que no somos suficientes, pero que Él es más que suficiente. **Él es suficiente, así que no tenemos que serlo.** De hecho, es bastante arrogante seguir intentando serlo. La realidad es que Él es el suficiente que nosotros nunca podríamos ser.

Porque Jesús es suficiente, podemos experimentar una verdadera plenitud.

Porque Jesús es suficiente, podemos vivir conectadas con Él y con los demás.

Porque Jesús es suficiente, podemos descansar.

Porque Jesús es suficiente, podemos arriesgarnos por su gloria.

Porque Jesús es suficiente, podemos cambiar el miedo por la esperanza.

Porque Jesús es suficiente, podemos abrazar la gracia.

Porque Jesús es suficiente, podemos vivir nuestro verdadero llamado.

Puedes elegir vivir en estas corrientes desbordantes de su suficiencia. ¿Lo elegirás a Él en lugar de vivir arrastrada hacia esas espirales maliciosas, perdiendo tu vida y sin poder respirar profundamente? ¿Lo dejarás salvarte?

Jesús redime nuestras espirales porque promete usar tanto nuestros peores momentos como los mejores para su gloria y para nuestro bien. Todos los días seguimos cometiendo errores. El hecho de que estés luchando con el pecado y la oscuridad no prueba que no seas cristiana; si Cristo no estuviera en ti, ni siquiera te importaría. Pero Él está en ti y contigo, ayudándote a luchar contra tu pecado y redimiendo todo para sus propósitos. Él te sostiene y te mantiene en pie todos los días y satisface la sed de tu alma. ¿Por qué recurrirías a otra cosa?

MEDITA:

"Si alguno tiene sed, venga a mí y beba. Del interior del que cree en mí, correrán ríos de agua viva" **(Juan 7:37-38).**

RECONFIGURA LA ESPIRAL:

Jesús es suficiente, así que puedo descansar hoy.

Dios: tú eres mi fuente. Haz que me vuelva a ti para alimentarme, lo mismo que por las aguas de vida que me mantienen andando. Quiero conocer tu suficiencia a fondo. Amén.

DESCANSO PARA EL ALMA

CUANDO DIOS NOS PROMETE DESCANSO, casi siempre está hablando de *descanso para el alma*. Es por eso por lo que la mayoría de los métodos con los que intentamos descansar, en realidad hacen que nuestro interior sea más caótico. Ver televisión, dormir, navegar en Facebook; todas fallan porque solamente Jesús puede traer descanso al caos que se agita en nuestro interior.

Fallamos y no experimentamos el descanso cuando intentamos hacer la obra de Dios sin Dios.

Así que empecemos a hacer las cosas *con Dios* en lugar de *para Dios*.

Hoy Él te está diciendo: "Solo pregúntame. ¿Estás conmigo? ¿Estás construyendo mi reino? Solo pregunta. Yo estoy para ti. No tienes que preocuparte". **Nuestro verdadero descanso y la confianza vienen de creer que Dios todo lo puede y luego retroceder y dejarlo hacer**. Al encontrar nuestra identidad en Él, la confianza llena nuestra alma y nos capacita para movernos creativa e intencionalmente en esta vida y de alguna manera descansar y disfrutar mientras llevamos a cabo una obra épica, eterna, que cambia el mundo, ¡una obra sobrenatural!

¿Sabes que Dios nunca ha dejado de cumplir? Él es bueno y siempre nos da lo suficiente. Pero por lo general es nuestra porción diaria, nuestro pan diario con un poco más para aumentar nuestra fe. Mañana la multitud volverá a tener hambre. Después de todo, cada día trae nuevas necesidades, nuevos desafíos y problemas. Pero todos los días, como Jesús hizo al alimentar a los cinco mil en la Biblia, Él abre su reserva de pan. Hay más que suficiente, pero Dios quiere que sigamos yendo a buscar de Él. Así que regresamos a Él por nuestro descanso.

¿Estás preocupado por no estar a la altura de los desafíos de hoy? ¿Te preocupa quedarte sin energía? Todas tenemos miedo de no tener suficiente, pero tenemos un Dios que nos cuida.

Oro para que puedas tener un vislumbre de ese Dios que te ama, que quiere estar en el problema contigo, que nunca te dejará, que está a tu favor, que tiene todo lo que necesitas, incluso —o especialmente— en los peores días. Oro para que descanses y te apoyes en Él para ese descanso. Oro para que no solo descanses en tu provisión eterna como parte de la familia de Dios, sino también en la provisión diaria que Él ya está repartiendo en todas partes donde mires.

Él te cuida y tiene lo que necesitas para tu alma hoy.

MEDITA:
Y el Señor le respondió: "Mi presencia irá contigo, y te haré descansar"
(Éxodo 33:14).

RECONFIGURA LA ESPIRAL:
Puedo confiar en que Dios es Dios y proveerá todo lo que necesito.

Jesús: muéstrame qué es encontrar un verdadero descanso para el alma en ti. Elijo dejar de lado el falso descanso y volverme hacia tu amor ilimitado. Gracias por cuidarme. Amén.

BUEN FRUTO

¿ALGUNA VEZ HAS MORDIDO UNA PERA PERFECTAMENTE MADURA a la temperatura perfecta en el momento perfecto? Milagroso, diría yo. Definitivamente, evidencia de que hay un Dios. Dios crea las cosas más dulces e increíbles de la tierra. Cosas como peras frescas, perfectamente maduras y jugosas y mejores que toda la comida procesada del mundo. Las peras reales saben increíbles y son para nuestro bien y muestran la gloria de Dios. Nadie llamado Harry o David podría crear esas peras desde cero. Los seres humanos simplemente no pueden crear algo así.

De la misma manera, el fruto espiritual –como las relaciones, conversaciones y acciones que impactan la eternidad– no es algo que podamos "crear" nosotras mismas. El fruto espiritual solo surgirá naturalmente cuando busquemos a Dios, lo amemos, pasemos tiempo con Él y nos rindamos a Él.

Déjame decirte lo que estamos haciendo en cambio: estamos elaborando galletas con mantequilla de maní. Los humanos no creamos frutas; pero sí sabemos cómo hacer esas ricas galletas.

Y saben bien. Me gustan mucho. Pero todos se están enfermando con el "azúcar procesado" que estamos distribuyendo en forma de estrategias de autoayuda y golpecitos de autoestima. Dios nos dio una gran identidad en la que podemos encontrar una profunda seguridad y confianza, pero solo viene de saber quién es Él y lo que ha hecho por nosotras.

Permíteme ser clara: incluso mientras buscamos en nuestro interior qué es lo que en realidad nos está pasando, no necesitamos hacer el trabajo de asegurar nuestra identidad. No necesitamos crear una versión ultra procesada de nosotras mismas. Solo precisamos ser alimentadas naturalmente por Dios y crecer en su dulzura. Nosotras solemos vivir y amar desde nuestra visión de Dios, cuando en realidad todo lo que necesitamos hacer es estar con Él. Pasar tiempo en su presencia. Porque cuando crecemos en nuestra adoración, nos olvidamos de nosotras mismas. Fijar nuestros ojos en nuestro Dios nos enamora de Él y nos permite dejar de preocuparnos por si nuestra identidad está completamente resuelta o no.

Estar con Jesús conduce el agua y el alimento hacia nosotras y a través nuestro, como las ramas. La conexión con Él es la forma en que nuestra alma sedienta se sacia y también cómo recibimos un suministro constante del agua necesaria para producir un fruto maduro y dulce.

Si un árbol frutal no recibe suficiente agua, el fruto que produce será agrio o seco o incluso, simplemente caerá prematuramente en lugar de crecer hasta llegar a la madurez. Una cantidad adecuada de humedad es absolutamente necesaria.[67]

Para que tu vida dé fruto, necesitas un suministro constante de Dios, su agua abundante contenida solo en quien Él es y derramada sobre ti simplemente por estar cerca de Él, conocerlo y acercarte a su Palabra y a su presencia.

---

[67] Mira www.quora.com/How-does-a-fruit-tree-produce-fruit.

MEDITA:

Ese hombre es como un árbol plantado junto a los arroyos: llegado el momento da su fruto, y sus hojas no se marchitan **(Salmos 1:3).**

RECONFIGURA LA ESPIRAL:

Cuando permanezco arraigada en Jesús, Él hace crecer fruto a través de mí.

Jesús: quiero volver a tu presencia hoy y ser alimentada y satisfecha en ti. Ninguna imitación procesada servirá. Elijo ser nutrida por ti. Amén.

ENTRENAMIENTO EN LA VERDAD

No es fácil dejar de creer mentiras. No podemos simplemente sentarnos y esperar a que la mente sane o a que nuestros pensamientos cambien. Tenemos que entrenar. Así es como la verdad obtiene la victoria en la batalla por nuestra mente.

Así que metemos la cabeza en la Biblia día tras día. Es posible que no puedas aferrarte completamente a la verdad en el día dos, pero en el día ciento dos, estará arraigada en tu corazón y mente.

Nos despertamos por la mañana y en lugar de agarrar el celular, nos arrodillamos y sometemos nuestros pensamientos a Jesús.

Invertimos en relaciones saludables e intencionalmente acudimos a ellas cuando comenzamos a entrar en la espiral perniciosa.

Elegimos bien. Diariamente. Momento a momento.

Entrenamos nuestra mente. Y cuando una nueva tentación de espiral se presenta, confiamos en nuestro entrenamiento.

Esto funciona. Con el tiempo, la verdad se asienta (así me sucedió a mí). Durante mucho tiempo, en la oscuridad, mi mente solía girar en espiral temerosa de que no hubiera un buen lugar para aterrizar. Temerosa de que Dios no fuera real. Temerosa de que no estaba segura. Temerosa de no ser vista. Temerosa de los días por venir. Esos miedos, aprendería luego, eran fraudes. Era vista. Estaba segura. Dios era real. La verdad siempre triunfa.

Dios sigue siendo tan real hoy. Estoy segura con Dios nuevamente. Él me eligió. Me escogió y me apartó. No estoy sola en la oscuridad. Soy reconocida. Soy elegida. Estoy segura. Soy de Dios y Él es mío. Todo esto es cierto para mí. Y es cierto para ti también.

Así que una y otra vez en la noche, tomo mi decisión. Elijo hablar con Dios en lugar de dudar de Él. Elijo estar agradecida por todo lo que ha hecho. Elijo obedecerlo sin importar cómo me sienta.

Esta es mi espiral ascendente hacia su verdad. Estoy en paz. Y quiero esto desesperadamente para ti. Quiero que vivas libre y compartas a Jesús con otros.

Dios puede hacer que esta clase de victorias suceda en cualquier lugar y con cualquier persona. Su verdad es poderosa. ¿Y entonces la vergüenza, el miedo, la duda? ¡Ya no tienen poder sobre ti! ¡Ya no tienen poder sobre nuestra generación! Entrenemos nuestra mente para enfocarnos en esa verdad.

MEDITA:
Porque el ejercicio corporal es poco provechoso, pero la piedad es provechosa para todo, pues cuenta con promesa para esta vida presente, y para la venidera **(1 Timoteo 4:8).**

RECONFIGURA LA ESPIRAL:
Confío en mi entrenamiento y confío en Jesús. La sanidad es un proceso.

Dios: por favor, quédate conmigo mientras me entreno en tu verdad. Mientras regreso a ella una y otra vez transformando las mentiras en verdad y las ataduras en libertad. Elijo confiar en tu poder y tu promesa. Amén.

DESCANSO Y RESCATE

¿QUIERES SABER POR QUÉ ESTAMOS TAN CANSADOS? Porque no creemos en Dios. No hay remedio para nuestra lucha y agitación aparte de encontrar nuestra identidad en Cristo. Él es nuestro todo y el grado en que creamos en eso será el grado en que dejaremos de esforzarnos, de girar en círculos y de intentar probarnos o repararnos a nosotras mismas.

Me encanta este versículo de Isaías: "La salvación de ustedes depende de que mantengan la calma. Su fuerza radica en mantener la calma y en confiar en mí" (30:15). Es en nuestro dejar ir y en nuestra confianza que Él nos rescata. Sin embargo, ¿con qué frecuencia seguimos intentando hacerlo por nuestra cuenta? ¿Rescatarnos a nosotras mismas? ¡Mejor dejemos que Él nos rescate!

En una situación de emergencia, ¿adivina qué tiene que hacer la persona que está siendo rescatada? Confiar en el rescatador y cooperar con el proceso. Tú y yo no necesitamos ser las heroínas que salvan al mundo. No necesitamos ser gurús del pensamiento que han puesto el cerebro en acción. Solo tenemos que ser parte de la historia del más grande héroe de todos los tiempos, lo cual es una buena noticia, porque ser el héroe es mucha presión y mucho trabajo arduo.

Así que puedes descansar porque sabes que Dios es quien te rescata a ti y a los que te rodean del caos en nuestra mente. Si Dios nos ha rescatado, ¿quién podría llegar a nosotros o robarnos de Él? ¡Ante cualquier cosa, podemos descansar tan solo en ese conocimiento!

No somos esclavas de Dios; somos sus *hijas*, aquellas por quienes envió a su Hijo a rescatarnos. Nos adora y quiere sacarnos de la oscuridad. Quiere alimentar a los hambrientos que vienen bajando la colina. Quiere sanarnos, ya sea que vayamos hacia Él en el camino o esperemos junto a un estanque para ser rescatadas. Esta es nuestra primogenitura como hijas de Dios y coherederas con Cristo. Pero mientras estemos tratando de reunir suficientes recursos propios para resolver el problema, estaremos cansadas, gruñonas y resentidas.

La hermosa alternativa que tenemos, sin embargo, es creer que nuestro Dios se mueve de maneras milagrosas. Podemos sentarnos y orar a Él y partir el pan que se nos ha dado y verlo satisfacer las necesidades, ¡en abundancia! Podemos confiar en Él con nuestra gente y rendirle nuestra vida y nuestros planes. Y podemos amarlo porque es increíble y estar con Él, porque no hay ningún lugar mejor en la tierra que estar con nuestro buen y amoroso Padre.

Podemos cambiar la lucha por el descanso. Podemos cambiar la ansiedad por la paz. Podemos cambiar el girar en la espiral por la confianza, no confianza en nosotras mismas sino en el poder de un Dios todopoderoso y heroico, que está ansioso por rescatarnos.

Comenzamos este viaje siendo plenamente conscientes de que hay un enemigo tratando de eliminarnos en la batalla por nuestra mente, pero terminamos en un lugar diferente. No acabamos enfocándonos en un enemigo o incluso centrándonos en nosotras mismas. Terminamos fijando la vista en nuestro Dios. Conocer que es Él quien nos libera, nos sana y reconfigura, y quien Él es, fluye en y a través nuestro y lo cambia todo. A través de Él —y solo a través de Él— se nos da la elección de caminar en esa libertad, todos los días de nuestra vida.

MEDITA:

Así ha dicho Dios el Señor, el Santo de Israel: "La salvación de ustedes depende de que mantengan la calma. Su fuerza radica en mantener la calma y en confiar en mí"

(Isaías 30:15).

RECONFIGURA LA ESPIRAL:

Dios es mi rescatador y sanador supremo.

Señor: gracias por ofrecerme descanso y rescatarme. Por favor, muéstrame dónde me estoy desgastando y ayúdame a elegir en cambio confiar en tu proceso y tu poder. Amén.

EL ESPÍRITU DE PODER

TENEMOS MUCHAS ALTERNATIVAS QUE PODEMOS ELEGIR cuando nos enfrentamos a patrones de pensamiento tóxicos: *diferentes pensamientos* que reflejan la mente de Cristo.

Cuando nuestra mente está consumida por la ansiedad, las dudas y los temores, podemos elegir recordar lo que es verdadero acerca de Dios. Podemos pensar en su cercanía, en su bondad, su provisión y su amor.

Cuando somos tentadas a usar las ocupaciones para distraernos de nuestra vergüenza, elijamos estar quietas en la presencia de Dios. Cuando somos tentadas a albergar pensamientos cínicos podemos elegir abrirnos al mundo que nos rodea, deleitándonos en Dios y en todo lo que ha hecho por nosotras.

Cuando somos tentadas a creer que estamos solas, podemos elegir nutrir este pensamiento: "El Espíritu de Dios vive dentro de mí y debido a eso, nunca estoy sola. Hay personas que me aman, que quieren estar conmigo. Puedo acercarme a ellas en lugar de quedarme aquí, atascada".

Todas estas son elecciones que podemos hacer para reconfigurar nuestros patrones de pensamiento y ayudarnos a convertirnos en lo que anhelamos ser. Si has hecho incluso una sola elección que haya desviado un patrón de pensamiento tóxico, ya es una victoria.

Puede que estés pensando: "Oh no, todavía estoy teniendo pensamientos negativos". ¿Sabes lo que estás haciendo ahora que no hacías antes? Estás prestando atención tus pensamientos. Así que ahora sabes que estás teniendo pensamientos negativos o que estás pensando demasiado en ti. Antes, esa no era tu historia.

Solíamos ser víctimas de nuestra mente, pero cuando empezamos a detectar estos patrones negativos que quizás ni siquiera sabíamos que estaban allí, podemos empezar a luchar. Tenemos armas que Dios nos ha dado: servicio, gratitud, quietud, conexión, confianza, deleite. Amigas, Dios triunfa. Estas armas son lo suficientemente poderosas como para destruir fortalezas, las armas más potentes del enemigo y cambiar nuestras mentes.

Así que toma cada pensamiento cautivo, porque ya no estás bajo la esclavitud del enemigo de tu mente; ya no tienes que someterte a él. Como hija de Dios, tienes poder sobre tu mente, así que úsalo. Ten autoridad sobre tus pensamientos. Dios tiene un plan para que cambies tus circunstancias y tu mente, para que puedas finalmente cambiar tu mundo.

MEDITA:
Porque no nos ha dado Dios un espíritu de cobardía, sino de poder, de amor y de dominio propio **(2 Timoteo 1:7).**

RECONFIGURA LA ESPIRAL:
Dios ha redimido mi vida y puede renovar mi mente.

Dios: gracias por hacer posible que albergue pensamientos diferentes. Gracias por ganar la guerra para que pueda luchar esta batalla con confianza, poder y autoridad. Dame la fuerza para hacer cualquier cambio que pueda hoy y todos los días. Amén.